高职高专"十三五"规划教材

汽车销售技巧

史 婷 主编

双色版

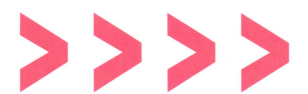

化学工业出版社

·北京·

本书共设有十四个项目，包括汽车销售岗位认知、潜在客户开发、客户接待、顾客需求分析、汽车产品介绍、试乘试驾、潜在客户跟踪、洽谈成交、水平业务、递交新车、客户关怀、IDCC营销、电话销售、网络销售。本书以汽车销售相关工作任务为核心，采用任务驱动教学模式和情境模拟教学模式，以工作任务提出学习内容，以学习内容辅助情境模拟的开展，用情境模拟加深学习内容的掌握。

本书可作为高职高专汽车类专业的教学用书和相关行业的培训用书，也可供广大汽车营销、管理和服务人员等参考。

图书在版编目（CIP）数据

汽车销售技巧/史婷主编．—北京：化学工业出版社，2019.5（2024.2重印）
高职高专"十三五"规划教材
ISBN 978-7-122-34489-2

Ⅰ．①汽⋯ Ⅱ．①史⋯ Ⅲ．①汽车-销售-高等职业教育-教材 Ⅳ．①F766

中国版本图书馆CIP数据核字（2019）第089797号

责任编辑：韩庆利　　　　　　　　　文字编辑：李　曦
责任校对：边　涛　　　　　　　　　装帧设计：史利平

出版发行：化学工业出版社（北京市东城区青年湖南街13号　邮政编码100011）
印　　装：涿州市般润文化传播有限公司
787mm×1092mm　1/16　印张10¾　字数260千字　2024年2月北京第1版第2次印刷

购书咨询：010-64518888　　　　　　售后服务：010-64518899
网　　址：http://www.cip.com.cn
凡购买本书，如有缺损质量问题，本社销售中心负责调换。

定　　价：32.00元　　　　　　　　　　　　　　　　　　　　　版权所有　违者必究

为落实《国家中长期教育改革和发展规划纲要（2010—2020年）》精神，深化职业教育教学改革，积极推进课程改革和教材建设，专注打造高素质汽车销售人才，特编写本教材。

本教材是由职业院校汽车专业的教师与相关企业的汽车营销专家们一起合作完成的，真正实现了学校和企业的紧密结合。教材基于学习情境设计，以任务作驱动，以项目为载体，将理论知识与实践操作进行一体化的教学设计，体现了工学结合的本质特征——"学习的内容是工作，通过工作实现学习"，突出学生的综合职业能力培养。教材的编写，打破了传统教材的体例，以具有代表性的工作任务为一个相对完整的学习过程，围绕工作任务聚焦知识和技能，体现行动导向的教学观，提升学生学习的主动性和成就感。

本教材共设有十四个项目，以汽车销售相关工作任务为核心，采用任务驱动教学模式和情境模拟教学模式，以工作任务提出学习内容，以学习内容辅助情境模拟的开展，用情境模拟加深学习内容的掌握。全书体现严格"遵循行动导向"的教学思想。

本书由武汉交通职业学院的史婷主编，湖北工业职业技术学院谢霖、郑州航空工业管理学院经济学院王逸宸副主编，辽宁农业职业技术学院水东莉参编。上汽通用、一汽大众、上汽大众、东风本田等公司为教材的编写提供了大量的案例和素材，在这里表示感谢。本教材配套有完整的在线课程资源，在线课程资源由智慧树制作并提供使用平台。

由于编者水平有限，教材内容难免有疏漏和不当之处，希望读者及时提出意见和建议，以便再版时补充完善。

编　者

项目一　汽车销售岗位认知　　　　　　　　　　　　1

项目二　潜在客户开发　　　　　　　　　　　　　　5

　　任务一　潜在客户评估 …………………………………………… 5
　　任务二　寻找潜在客户 …………………………………………… 9
　　任务三　潜在客户的拜访及管理 ………………………………… 13

项目三　客户接待　　　　　　　　　　　　　　　　22

　　任务一　接待前的准备 …………………………………………… 22
　　任务二　展厅接待 ………………………………………………… 26
　　任务三　电话接待 ………………………………………………… 36

项目四　顾客需求分析　　　　　　　　　　　　　　41

　　任务一　顾客购买动机分析 ……………………………………… 41
　　任务二　需求分析方法 …………………………………………… 46

项目五　汽车产品介绍　　54

　　任务一　展车设置 …………………………………………… 54
　　任务二　汽车产品介绍方法 ………………………………… 56
　　任务三　竞品分析 …………………………………………… 63

项目六　试乘试驾　　67

　　任务一　试乘试驾准备 ……………………………………… 67
　　任务二　试乘试驾流程 ……………………………………… 70

项目七　潜在客户跟踪　　78

项目八　洽谈成交　　84

　　任务一　报价说明 …………………………………………… 84
　　任务二　顾客异议处理 ……………………………………… 91
　　任务三　达成协议 …………………………………………… 96

项目九　水平业务　　101

　　任务一　汽车消费信贷 ……………………………………… 101
　　任务二　二手车置换 ………………………………………… 106
　　任务三　汽车精品销售 ……………………………………… 108
　　任务四　汽车保险业务 ……………………………………… 112
　　任务五　车辆上牌服务 ……………………………………… 115

项目十　递交新车　120

　　任务一　交车前的准备 …………………………………………… 120
　　任务二　喜悦交车 ……………………………………………… 122

项目十一　客户关怀　129

　　任务一　汽车售后跟踪服务 ……………………………………… 129
　　任务二　客户投诉处理 …………………………………………… 134

项目十二　IDCC 营销　139

项目十三　电话销售　145

　　任务一　电话销售认知 …………………………………………… 145
　　任务二　电话销售技巧 …………………………………………… 148

项目十四　网络销售　154

　　任务一　网络销售认知 …………………………………………… 154
　　任务二　网络销售技巧 …………………………………………… 157

参考文献　165

项目一 汽车销售岗位认知

 项目简介

  本项目主要介绍了汽车销售岗位的重要性、汽车销售岗位的工作职责以及日常工作职责。对汽车销售岗位认知的学习，可以帮助学生们对汽车销售岗位有一个清晰的认识，有利于后续各销售环节知识和技能的学习。

 教学环境

  汽车营销实训室：包括移动教室、电脑、投影仪。

 学习引导

  本项目学习可以采用以下顺序：
  导入案例——知识技能学习——任务书——考核评价——任务小结

 教学目标

知识目标：
1. 能够准确了解汽车销售岗位的重要性；
2. 能够准确了解汽车销售岗位的工作职责；
3. 能够准确了解汽车销售岗位的日常工作职责。

技能目标：
对汽车销售岗位的日常工作有大致掌握。

素质目标：
1. 有较强的沟通交流能力；
2. 有较强的理解判断能力；
3. 对工作有持续的热情。

汽车销售技巧

教学重点：
汽车销售岗位的工作职责。

教学难点：
汽车销售岗位的日常工作的掌握。

一、导入案例

满意度研究中有一个非常重要的分支叫作关键时刻（Moment Of Truth，MOT）研究，在以人为主的服务中经常使用该技术作满意度研究。20世纪80年代，北欧航空公司卡尔森总裁提出：平均每位顾客在接受其公司服务的过程中，会与五位服务人员接触；平均每次接触的短短15秒内，就决定整个公司在顾客心中的印象。故定义：与顾客接触的每一个时间点即为关键时刻，它是从人员的A（Appearance）外表、B（Behavior）行为、C（Communication）沟通三方面来着手。这三方面给人的第一印象所占的比例分别为外表52%、行为33%、沟通15%，是影响顾客忠诚度及满意度的重要因素。MOT研究和卡尔森总裁的理论同样可以运用到汽车经销店针对汽车客户的销售服务之中。

提问：汽车销售岗位作为汽车客户与汽车经销店接触的第一个岗位，该岗位的工作是否重要呢？

通过同学们的回答，引出汽车销售岗位的重要性。

二、知识技能学习

知识点一：汽车销售岗位的重要性

汽车经销店接待服务的第一执行人是汽车销售岗位的汽车销售顾问，汽车销售顾问需要为客户提供热情、专业的服务，为客户在经销店后续的购车咨询和体验活动打下良好的基础，因此，汽车销售岗位非常重要，主要体现在以下三个方面。

第一，汽车销售岗位决定了客户对品牌和经销店的第一印象。

客户到达汽车经销店接触到的第一个岗位是汽车销售岗位，对于一家汽车经销店来说，潜在客户的第一次到店或打入的第一个电话，经销店的接待服务都会给客户留下深刻的第一印象，而第一印象非常重要。正如第一印象效应中提到的，第一印象是指人与人第一次交往中给人留下的印象，在对方的头脑中形成并占据着主导地位。

第二，汽车销售岗位决定了客户对汽车品牌和经销店的选择。

作为客户到达经销店后接触到的第一个岗位，汽车销售顾问热情、专业的服务直接决定着客户对品牌和经销店的满意度，也直接决定着客户是否会继续选购该品牌经销店的汽车产品。

第三，汽车销售岗位是汽车经销店的利润基石。

随着汽车市场的透明化，客户在选购汽车时对车辆价格把握得比较清楚，越来越多的汽车经销店销售汽车所获得的利润在降低，但是，汽车销售仍然是汽车经销店获利的基础。对于一家汽车经销店来说，通过汽车销售增加客户保有量，才能保证汽车售后维修保养的量和利润；同样，通过汽车销售的成交，也可以增加其他水平业务的收益，例如，汽车消费信贷、二手车置换、汽车精品销售、汽车保险销售、车辆上牌服务等。

知识点二：汽车销售岗位的工作职责

汽车销售岗位的工作人员称为汽车销售顾问。汽车销售顾问是指为客户提供顾问式的专业汽车消费咨询和导购服务的汽车销售服务人员，其工作内容是汽车销售，其立足点是客户的需求和利益，向客户提供符合客户需求和利益的产品销售服务。分析汽车销售岗位的工作内容，主要包括以下12项工作职责。

职责1：开发潜在客户；
职责2：客户接待，包括电话接待和展厅接待；
职责3：客户需求分析，并向客户推荐合适的车型；
职责4：汽车产品介绍；
职责5：为客户提供试乘试驾服务；
职责6：对潜在客户进行跟踪；
职责7：洽谈成交，包括报价议价和客户异议处理；
职责8：开展各项水平业务，主要包括汽车消费信贷、二手车置换、汽车精品销售、汽车保险销售、车辆上牌服务；
职责9：递交新车；
职责10：为客户提供关怀服务；
职责11：开展电话销售工作；
职责12：开展网络销售工作。

其中职责1至职责10为汽车经销店展厅销售顾问的主要工作职责，职责11为汽车经销店电话销售顾问的主要工作职责，职责12为汽车经销店网络销售员（简称网销员）的主要工作职责。

知识点三：汽车销售岗位的日常工作职责

对汽车销售岗位中展厅销售顾问的工作职责进行分析，提炼出主要的日常工作职责，包括以下8项。

① 每天按时上班，准备好书面的日工作计划；
② 就每一位潜在客户确定适当的跟进计划；
③ 主动地关心每一位潜在客户，要有礼貌和热诚，设身处地地为客户着想，还要具备出色的产品知识，这样才能帮助他们买到合适的汽车；
④ 全面准确地记录各项工作的开展情况；
⑤ 按照日工作计划开展每天的工作；
⑥ 保证每日潜在客户的开发数量和质量；
⑦ 积极进行潜客跟进，保证跟进效果，并及时进行记录；
⑧ 努力工作以实现每日工作计划预测，包括到店顾客的人数、进行试驾的人数、草拟合同的数量、达成交易的数量以及新车交收的数量等。

三、任务书

以小组为单位，学生进行分组练习，组内讨论，选取一名代表进行汇报。

任务描述：
对汽车销售岗位的工作职责和日常工作职责进行分析，按照对岗位各项工作职责的了解和认识，制作汽车销售流程图。

四、考核评价

（一）考核评价的组成及占比

由三部分组成，包括：组内评价（30%）、小组互评（30%）、教师评价（40%）。

（二）评价标准

① 熟练程度；

② 任务的完成情况；

③ 可行性。

成绩：A ／ B ／ C ／ D

五、任务小结

学习内容为项目一：汽车销售岗位认知。通过学习汽车销售岗位的重要性，汽车销售岗位的工作职责及日常工作职责3个知识点，以及任务书的完成和评价，希望能够使同学们对汽车销售岗位有一个清晰的认识，为后续各销售环节知识和技能的学习打好基础。

项目二　潜在客户开发

 项目简介

本项目主要介绍了潜在客户评估的条件和分类,寻找潜在客户的必要性和方法,以及对潜在客户的拜访及管理方法。通过对潜在客户开发知识和技能的学习,可以帮助学生们培养良好职业技能和职业素质。

 教学环境

汽车营销实训室:包括移动教室、电脑、投影仪。

 学习引导

本项目学习可以采用以下顺序:
导入案例——知识技能学习——任务书——考核评价——任务小结

任务一　潜在客户评估

 教学目标

知识目标:
1. 能够正确描述成为潜在客户的条件;
2. 能够正确描述潜在客户的分类。

汽车销售技巧

技能目标：
1. 能够正确进行潜在客户评估；
2. 能够正确进行潜在客户的管理。

素质目标：
1. 有较强的沟通交流能力；
2. 有较强的理解判断能力；
3. 对工作有持续的热情。

教学重难点

教学重点：
潜在客户的评价条件。

教学难点：
潜在客户评估。

一、导入案例

案例描述：客户李先生，已婚，有存款 10 万元，想要购买一辆价格在 10 万～ 15 万元的汽车。某日，李先生独自前往别克 4S 店看车，在咨询了销售顾问车辆信息后，李先生对英朗 2018 款 1.8T 双离合豪华型很满意。产品报价为 15.09 万元，可以优惠 2 万元提车。

提问：李先生是否为英朗 2018 款 1.8T 双离合豪华型汽车的潜在客户？

通过同学们的回答，引出潜在客户的条件。

二、知识技能学习

知识点一：潜在客户的条件

（一）潜在客户的概念

潜在客户是指那些还没有使用、有购买某种产品或服务的需要、有购买能力、有购买决策权、对产品所提供的功能有所需求的客户。

（二）积极的心态很重要

销售大王乔治·吉拉德说："不管你所遇见的是怎样的人，你都必须将他们视为真的想向你购买商品的顾客。这样一种积极的心态，是你销售成功的一大前提。我初见一个客人时，我就不会认定他是来随便看看或寻开心的。我都认定他是我的顾客，会购买我销售的汽车。通常情况下，他们大部分都成了我名副其实的顾客。"

（三）潜在客户评估原则

潜在客户的评估遵循 MAN 法则，MAN 法则中 M 是指 Money，即购买能力；A 是指 Authority，即决策权；N 是指 Need，即购买需求。

1. 购买能力的评价方法

（1）现在购买能力的评价

现在购买能力的评价一般通过外部观察和内部探寻来获得。外部观察即销售顾问通过表面的观察获得，可以是着装、谈吐和年龄等；内部探寻即销售顾问通过询问来获得，可以询问购买预算、是否需要贷款买车以及职业特征等。

（2）潜在购买能力的评价

潜在购买能力是指因为客户做生意资金占用，或借款给他人暂时没有回款等暂时不能支付购车款，过段时间可以支付的购买能力。一般根据风险来判断客户的潜在购买能力，例如，客户暂时不能全款买车，但每个月工资固定发放，且工资金额大于每月贷款购车本息，则可以介绍客户贷款买车；或者客户暂时不能全款买车，但其下个月有一笔大的资金到账，可以补足购车款，则可以介绍客户分期付款买车；如果客户确实是购买能力不足，则可以暂缓销售。

2. 购买决策权的评价方法

（1）个人消费者

对于个人消费者，其社会关系主要是围绕家庭和工作单位，夫妻、朋友等关键人物众多，且都会对购车者的购买决策产生或多或少的影响，所以要注意关键人物的重要性，重大决策关键人物一定要到场，且销售顾问的服务要做到礼节周全。

（2）集团消费者

对于集团消费者，其特点是为职权存在部门分工，主要是判断决策权掌握在哪个部门手里，可以通过询问知情者，或者拜访集团客户的领导来判断。

3. 购买需求的评价方法

（1）估计顾客需求的可能性

估计顾客需求的可能性时，如果顾客明确表示不需要，则可以放弃跟踪；如果顾客不清楚需不需要，则可以通过引导产生或强化需求；如果顾客因为经济情况不需要，则可以通过判断其真实的经济情况，推荐贷款、分期或放弃。

（2）估计顾客的需求量

估计顾客的需求量时，一般来说，个人消费者的需求量一次购买是一辆，但要注意跟踪换车；对于集团消费者来说，一般是多辆采购，可以考虑长期合作。

（四）成为潜在客户的条件

判断客户是否可以成为潜在客户时，仍然使用 MAN 法则来进行判断。用大写的 M、A、N 来表示该项良好，用小写的 m、a、n 来表示该项不理想。例如，M+A+N 是指客户的购买能力充足，有充分的决策权，购买需求强烈。此客户是有望成交的客户，是理想的销售对象。M+A+n 是指客户的购买能力充足、有充分的决策权，但购买需求不太强烈。此客户是可以接触的客户，配上熟练的销售技术，有成功的希望。按照各项不同的表现，可以将客户划分为以下八类。

第一类客户：M+A+N 有望客户，理想的销售对象；

第二类客户：M+A+n 可以接触，配上熟练的销售技术，有成功的希望；

第三类客户：M+a+N 可以接触，并设法找到具有决策权的人；

第四类客户：m+A+N 可以接触，需要调查其业务状况、信用条件等给予金融政策；

第五类客户：M+a+n 可以接触，应长期观察、培养，使之具备另一条件；

第六类客户：m+a+N 可以接触，应长期观察、培养，使之具备另一条件；

第七类客户：m+A+n 可以接触，应长期观察、培养，使之具备另一条件；

第八类客户：m+a+n 非客户，停止接触。

其中第一类为理想潜在客户，第八类为非潜在客户，销售顾问可以停止接触。

按照潜在客户三大要素的具体情况，对潜在客户进行分级，可以分为六个级别，如表 2-1 所示。

表 2-1 潜在客户分级

级　别	定　义
O 级	当场签约或缴纳定金的客户
H 级	7 日内可能购车的客户
A 级	15 日内可能购车的客户
B 级	30 日内可能购车的客户
C 级	2～3 个月内可能购车的客户
N 级	购车时间暂时无法确定

知识点二：潜在客户评估操作步骤

对潜在客户进行评估，可以遵循以下四步进行。

第一步：分析"MAN"法则；

第二步：对潜在客户进行调查分析；

第三步：以了解潜在客户的信息为基础，做每日计划；

第四步：开发重要客户。

三、任务书

以小组为单位，学生进行分组练习，组内讨论，选取一名代表进行汇报。

任务描述：

客户信息：张伟，大学本科毕业，在事业单位工作了十年，三年前下海经商。目前从事软件开发工作，有自己的工作室，年薪百万元。太太是小学英语老师，两人有一个儿子，刚上小学。现有座驾：本田雅阁。预购车辆：新迈腾。

任务 1：根据已知客户信息，判断该客户是不是新迈腾的潜在客户。

任务 2：小组讨论，确定客户类型，为其设计一个销售方案，并说明理由。

四、考核评价

（一）考核评价的组成及占比

由三部分组成，包括：组内评价（30%）、小组互评（30%）、教师评价（40%）。

（二）评价标准

① 熟练程度；

② 任务的完成情况；

③ 可行性。

成绩 A ／ B ／ C ／ D

五、任务小结

学习内容为项目二中的任务一：潜在客户评估。通过学习潜在客户的条件和潜在客户评估操作步骤 2 个知识点，以及任务书的完成和评价，希望能够使同学们掌握潜在客户的评估标准和流程，准确地开展潜在客户评估。

项目二 潜在客户开发

任务二　寻找潜在客户

教学目标

知识目标：
1. 能够正确说明寻找潜在客户的必要性；
2. 能够正确说明寻找潜在客户的方法。

技能目标：
1. 能够使用寻找潜在客户的方法寻找潜在客户；
2. 能够制订潜在客户开发计划。

素质目标：
1. 有较强的沟通交流能力；
2. 有较强的理解判断能力；
3. 对工作有持续的热情。

教学重难点

教学重点：
寻找潜在客户的方法。
教学难点：
制订潜在客户开发计划。

一、导入案例

案例描述：通常在销售人员的顾客信息当中，真正有购买意向的顾客可能只占到30%，而其中真正成交的可能只占到有购买意向的顾客的40%。例如，某销售员6月份的销售目标设定为10辆车，目前已有的顾客数为30个，其近期成交率为10%。

提问：该销售员6月份的顾客开发目标为多少人？

通过同学们的回答，引出潜在客户开发的必要性。

二、知识技能学习

知识点一：寻找潜在客户的必要性

（1）维持和提高营业额的需要
（2）保证基本客户队伍稳定的需要
（3）提高推销成功率的保证

知识点二：寻找潜在客户的方法与技巧

（一）寻找潜在客户的方法

1. 资料查阅法

资料查阅法指查阅客户档案和客户跟踪表，发现可跟进或重点跟进的客户。

9

2. 广告开拓法

广告开拓法指汽车企业做产品广告或优惠活动的广告，以此来吸引潜在客户到访。

3. 网络搜寻法

网络搜寻法指通过跟踪在汽车类网站上进行咨询的客户，进一步邀请其到店，发展为潜在客户。

4. 市场咨询法

市场咨询法指通过市场上的第三方信息公司，购买符合条件的客户信息，通过主动邀约，发展为潜在客户。

5. 连锁介绍法

连锁介绍法指对购车客户提供满意的产品和服务，使其愿意向周围的亲朋好友转介绍我们的产品和服务，产生连锁介绍。

6. 中心开花法

中心开花法指某一些客户因为专业性、职业或者身份的原因，对周围的人有比较大的影响，销售顾问可以通过对该客户提供优质服务，使其购买本品牌产品，进而影响周围人的购车选择。

7. 竞争替代法

竞争替代法指在同质化严重的当下汽车市场，汽车产品之间的可替代性比较强，因此，可以通过寻找类似品牌定位的汽车产品的潜在客户，将其发展为本产品的客户。

8. 个人观察法

个人观察法指通过对周围的人群进行观察，判断其是否为本品牌产品的潜在客户，该方法对销售顾问的经验有较高的要求。

9. 全户走访法

全户走访法指销售顾问对某个街区，或某个商场进行全户走访，寻找潜在客户。

10. 停购顾客启动法

停购顾客启动法指销售顾问对之前由于某些原因停购的客户进行分析，发现机会，重新启动跟踪。例如，某客户之前由于价格原因暂停购买，最近产品的价格有优惠活动，销售顾问则可以重新打电话进行邀约。

【案例】寻找潜在客户的方法

方法一：关注社区

作为一名专业的汽车销售人员，应该关注所居住的社区。各行各业成功的销售人员都将在社区中突出自己看作一项使命。尽管都很忙，但他们之间有很多人都是最活跃的社区组织里的中坚分子。因为他们有比大多数人更加广泛的社交圈子，所以他们比任何人都消息灵通，做成生意的机会也就更大，而这恰恰就反映出一个普遍的消费心理，所有的人都喜欢从相识的人那里买东西。因此，作为一名专业的汽车销售顾问，需要主动去和社区中的邻居们沟通，留意一些社区中的销售线索。将常见的汽车销售线索列举如下。

① 开年头比较久的车的人，其花在车辆维修上的费用会较高。

② 一个家庭对汽车的需求会随着家里小孩的出生、成长、成家、立业而不断变化。

③ 换了工作或者获得升迁的人。

④ 开始工作的家庭主妇，她上下班是否需要交通工具呢？

⑤ 买新房子的人，可能是升职，工作变迁，或者是个人社会地位提高的表现。
⑥ 附近新开业的店铺或公司，他们有什么需要？
⑦ 业务拓展的店铺或公司，这些店铺或公司的老板现在开的是什么车？
⑧ 离婚的夫妇，这种家庭变故会令至少其中一方新增对交通工具的需求。
⑨ 刚刚找到工作的大学毕业生。

方法二：主动与人沟通

所有的汽车销售人员都应该明白，恰当地挖掘潜在客户可以带来真正的销售成功，而事实上，很多生意就在那里等着你主动开口。但是，他们不会自动地找上门来，除非你主动去接触更多的人。

成功的汽车销售顾问会用以下方法与更多的人进行沟通。

① 要为自己的职业感到自豪。告诉周围的人你的工作，每次送三张名片给别人，因为他们的朋友里面可能会有人需要。
② 与老客户保持联系和沟通，看他们是否需要再次购买。
③ 和老客户交谈并结识他们的朋友。
④ 在午餐时，在回家的路上，在理发时等，和周围的人谈论你的工作，和你工作的经销店的位置。
⑤ 给过去一星期刚刚买了新车的客户的邻居打电话。因为没有人甘愿落后，他们也许正想有辆新车呢。

（二）销售顾问潜在客户来源渠道

汽车销售顾问潜在客户的来源主要有以下 5 种渠道。
① 来电客户。
② 外拓客户。
③ 推荐介绍客户。
④ 再购增购信息。
⑤ 到店客户。

（三）寻找潜在客户的技巧

寻找潜在客户时要注意技巧的掌握，主要体现在向客户打出的第一通电话，技巧运用得当的话可以起到事半功倍的作用。寻找潜在客户有以下 5 种常见技巧。

1. 电话要简短

销售顾问和潜在客户进行电话沟通时，时间上要有所把握，尽量不要超过 3 分钟，以免使潜在客户产生厌烦的情绪，内容上要言简意赅。

2. 在打电话之前准备一个名单

销售顾问在准备联系潜在客户时，应该准备一个客户名单，挨个儿进行拨打，在量的基础上保证质。

3. 专注工作

销售顾问在和客户电话沟通时，一定要确保专注工作，认真听取客户传达的信息，及时地与客户进行反馈和互动。

4. 使用客户管理系统

销售顾问应该对自己的潜在客户进行管理，按照客户级别和当月销售目标，制订潜在客户跟踪计划。

5. 要预见结果

销售顾问在向潜在客户打出每一通电话前，都应该预见可能的结果，想好各种结果的应对话术，避免冷场和尴尬。

【案例】 上海大众销售顾问邀约目标标准

1. 销售顾问针对"本月销售目标"设定潜在客户目标；
2. 销售顾问明确 RSE 卓越零售相关客户管理数据，若有不足，则分析原因，找到改善方向和方法；
3. 销售顾问依据系统的提示，设定客户邀约计划，支持销售目标达成；
4. 销售顾问了解上海大众、经销商当期的市场活动信息和自身的工作内容；
5. 销售经理、销售主管对销售顾问的潜在客户接触计划应予以支持和辅导。

【案例】 雷克萨斯销售顾问潜在客户跟进计划

销售顾问潜在客户跟进计划

销售顾问：　　　　　　　　日期：
每月工作天数：　　　天
1. 为了达成目标，你必须在这个月达到：
A 为本月销售目标　　　辆
B 为本月收入目标　　　元
（B= 销售量与平均销售提成的乘积）
2. 在这个月，有多少销售来自来店顾客购买车辆？
C 为月平均到店顾客量　　　　　人
D 为到店顾客成交率（如果此前无数据记录，请填入 20%）：
E 为来自到店顾客的销售（确定到店顾客销售目标）：
（E=C×D）
3. 本月需要有多少来自潜在客户的销售？
F 为所需的来自潜在客户的销售量（确定潜在客户销售量目标）：
（F=A-E）
G 为已预约的潜在客户成交率（如果以前无记录，请填入 25%）：
H 为需要和多少潜在客户进行面谈：
（H=F÷G）
4. 采用销售顾问高收入计划（每日工作计划）以取得最佳结果。
I 为每日需约见的潜在客户：
（I=H÷ 本月工作天数）

三、任务书

以小组为单位，学生进行分组练习，组内讨论，选取一名代表进行汇报。

任务描述：

销售顾问：李磊，6月份的销售目标为 10 辆车，目前已有的顾客数为 30 个，近期成交率为 10%。

任务 1：李磊 6 月份的潜在客户目标为多少？

任务 2：请帮助李磊制订一份 6 月份潜在客户开发计划，计划表见表 2-2。

项目二　潜在客户开发

表 2-2　潜在客户开发计划表

销售顾问			时间		年　月		
序号	时间	寻找潜客的方法		潜客来源渠道	计划数量	实现数量	备注
1	6月1日						
2	6月2日						
3	…						
…	…						
…	…						

四、考核评价

（一）考核评价的组成及占比

由三部分组成，包括：组内评价（30%）、小组互评（30%）、教师评价（40%）。

（二）评价标准

① 熟练程度；
② 任务的完成情况；
③ 可行性。

成绩：A ／ B ／ C ／ D

五、任务小结

学习内容为项目二中的任务二：寻找潜在客户。通过学习寻找潜在客户的必要性和寻找潜在客户的方法与技巧 2 个知识点和 3 个案例，以及任务书的完成和评价，希望能够使同学们掌握寻找潜在客户的方法和技巧，高效地开展潜在客户开发。

任务三　潜在客户的拜访及管理

教学目标

知识目标：
1. 能够正确说明潜在客户拜访前的准备；
2. 能够正确说明潜在客户的拜访方式。

技能目标：
1. 能够准确地开展潜在客户拜访前的准备；
2. 能够使用潜在客户的拜访方式开展客户拜访。

素质目标：
1. 有较强的沟通交流能力；
2. 有较强的理解判断能力；

13

汽车销售技巧

3. 对工作有持续的热情。

 教学重难点

教学重点：
1. 潜在客户拜访前的准备工作；
2. 潜在客户的管理。
教学难点：
潜在客户拜访方式的应用。

一、导入案例

向客户发出邀约，是接近客户的第一步。只有成功向客户发出邀约，才可能和客户有进一步的接触，开展后续的销售环节。因此，成功的客户邀约非常重要。

提问：销售顾问需要做好哪些邀约前的准备工作？如何向客户发出邀约？

通过同学们的回答，引出客户拜访前的准备工作和进行拜访的方式。

二、知识技能学习

知识点一：潜在客户拜访前的准备

（一）展厅准备工作

① 确保展厅摆放有在售车辆的展车；
② 定期制订排班制度，每日晨会确认排班顺序；
③ 经销店定期开展商品和竞品知识的培训；
④ 接待人员在门口或者接待台站立准备接待；
⑤ 资料架上车辆目录涵盖所有销售车型，车辆目录数量充足；
⑥ 展厅内儿童娱乐区干净、整洁及安全；
⑦ 展厅内有雨伞和雨伞架。

（二）自我准备工作

汽车销售顾问在拜访潜在客户前，应该从以下 8 个方面进行自我准备工作。

1. 外部形象准备

（1）仪容

头发：干净整洁，前不遮眉，侧不遮耳，后不过衣领；女士不宜染色，长发束起，不用华丽头饰；男士不留过长、过厚鬓角，禁止剃光头。

耳朵：耳朵内必须清洗干净。

眼睛：无睡意、无眼垢。

鼻子：保持干净、定期修剪鼻毛。

嘴巴：牙齿要干净，口中不可留有异味。

胡子：男士胡子要刮干净或修整齐。

手部：指甲要修剪整齐，双手保持整洁；女士不涂抹鲜艳或另类指甲油。

面部：女士要求化淡妆，保持清新自然，化妆要自然，不化另类妆，化妆应避人，不在人前化妆和补妆；男士应剃须修面，保持清洁。

（2）仪表

衬衫领带：衬衫要及时更换，确保袖口及领口无污垢；衬衫、领带和西服要协调；领带打结处无变形，长度以挡住皮带头为宜，不宜过长或过短。

西装：西装给人一种庄重的感觉，西装的第一组扣要求扣住；上衣口袋不要插笔，上衣两侧口袋和裤子口袋最好不要放东西，特别是容易鼓起来的物品；西装要求及时熨烫整齐。

鞋袜：鞋袜须搭配协调，两者都不要太华丽，鞋子上不小心粘上的泥土要及时清理；男士黑色皮鞋忌配白色袜子，皮鞋、皮包和皮带保持同色或同色系；女士穿裙装时不能穿短袜，应着贴近肤色的长丝袜，不穿黑色镂花或破损的丝袜，应带备用袜，女士不穿跟过高、过细的鞋子，应前不露脚趾、后不露脚后跟。

饰品：工作中不允许佩戴戒指，避免刮伤车辆漆面；女士可佩戴符合身份的饰品，数量不宜过多。

工牌：左胸佩戴工牌，位置适中，工牌保持干净整洁，名字印得稍大一些，便于阅读。

2. 情绪准备

销售顾问应该积极调整情绪至最佳状态，争取给客户留下好的印象。

3. 态度准备

销售顾问应该保持诚恳的态度，知之为知之，不知为不知，向客户传递准确信息。

4. 心理准备

拜访可能会成功，也可能不成功，销售顾问应该做好两种心理准备，并想好应对措施。

5. 技能准备

销售顾问必须熟知汽车产品、销售政策、售后政策、国家政策、安全驾驶知识及竞品信息，熟练掌握各项销售流程、技巧、话术和方法，并携带销售工具。

汽车销售顾问常用的销售工具有以下 16 类。

① 订单；
② 合同；
③ 商谈备忘录；
④ 车型技术参数和配置表；
⑤ 各种车型的试驾报告；
⑥ 报纸、杂志上的正面报道；
⑦ 保险报价表；
⑧ 精品报价表；
⑨ 按揭审批条件及还款计算表；
⑩ 计算器；
⑪ 竞争车型的对比资料；
⑫ 上牌的程序；
⑬ 保险的理赔程序；
⑭ 便笺纸；
⑮ 笔；
⑯ 名片。

6. 资料准备

销售顾问要尽可能多地了解要拜访的客户信息，包括客户基本信息、性格、受教育程度、工作职务、是否有子女、兴趣爱好、公司发展情况等，对客户有越充分的了解，越便于确定以最佳的方式与顾客交谈。

7. 计划准备

（1）计划目的

计划目的即本次拜访的目的，目的尽量细化，一次拜访可以有多个目的。

（2）计划任务

计划任务即为了实现目的，本次拜访要执行的任务，任务注意可执行性，一个目的可能会由多个任务来完成。

（3）计划开场白

好的开场是成功的一半，尽量将开场白熟练化，以话术的形式多次练习。

（4）计划结尾

本次拜访任务完成后就可以考虑结尾了，考虑各种可能的拜访结果，准备不同的结尾话术，多次练习熟练化。

8. 时间准备

（1）拜访要准时：按照约定的时间，提前5～7分钟。

（2）拜访10分钟原则：开始10分钟，简单寒暄，建立信任；重点10分钟，告知拜访原因，用MAN法则对客户进行判断；离开10分钟，重点内容讲完后的10分钟内离开，避免拖延引起客户不满。拜访10分钟原则的时长适用于当面约见客户，电话拜访也可以遵循拜访10分钟原则，但总时长应该缩短为3分钟左右。

知识点二：拜访客户的方式

（一）当面约见

当面约见，即销售顾问与客户当面约定访问事宜，主要运用于销售顾问与客户的偶遇或不便于洽谈业务的场合，如途中见面、各种聚会、宴会见面等，销售顾问都可以礼貌而热情地向客户发出访问请求。

（二）电讯约见

电讯约见，即销售顾问利用电话、互联网、传真等电讯手段约见客户的方法。现代通信业务的高速发展，电话、手机、互联网的普及，使得这类快捷方便的约见工具得到广泛的应用。电话拜访应该选择一个安静的办公区域，将销售工具摆放好，坐好，从微笑开始。

电话拜访可按以下几个步骤进行。

1. 称呼对方的名字

如果只知道对方的姓氏和性别，称呼对方为张先生或李女士，如果知道对方的职称，则应该呼出对方的姓名及职称。

2. 自我介绍

销售顾问应该清晰地说出自己的名字、企业名称和工作岗位。

3. 感谢对方的接听

4. 询问对方是否有时间交谈

5. 寒暄

销售顾问可以选择易于引起共鸣的内容进行交谈，建立信任。

6. 表达拜访的理由

销售顾问应该以自信的态度，清晰地表达出拜访的理由，让客户感觉销售顾问很专业，可以信赖。

7. 赞美并询问

电话拜访过程中，销售顾问可以适当地对客户进行赞美，有效赞美的方式有三种。

① 夸奖对方所做的事及周围的事物。

② 代第三者表达夸奖之意。

③ 夸奖后紧接着询问。

8. 主动告别

在拜访事宜洽谈完毕之后，销售顾问应该主动向客户告别，待客户挂掉电话后再轻放电话。

【案例】 电话拜访开场示例

李处长，您好！我姓王，叫王丽，是××4S店的销售顾问。感谢您的接听，是您朋友×××介绍的，现在方便同您交谈吗？大概3分钟时间。

【案例】 上汽大众电话拜访标准

上汽大众电话拜访标准见表2-3。

表2-3 上汽大众电话拜访标准

电话拜访流程	销售顾问陌生电话准备技巧
确认对方个人信息	潜在客户的姓名、称谓
自报经销商及自己的姓名与职务	想好打电话给潜在客户的理由
告知致电原因，寒暄问候	准备好要说的内容
商谈有关事项，记录客户信息	想好潜在客户可能会提出的问题
礼貌道别	想好如何应对客户的拒绝
待客户挂断电话后再轻放电话	以上各点最好能将重点写在便笺纸上

（三）信函约见

信函约见，即通过约见信函的寄出及反馈达到约见的目的，包括纸质信函和电子邮件。优点是不受时空限制，可以畅通无阻地进入目标客户的办公地点和居住地，而且费用较低。缺点是花费时间多，反馈率较低，容易被忽视和拒绝，信函很可能连拆都没拆就被当作垃圾邮件处理掉。

针对信函约见的缺点，销售顾问可以用以下几种措施进行应对。

① 收件人应该是具体的某人接收，不要写"某某单位接收"或"总经理收"。

② 信封要手写，不要打印粘贴。

③ 信件内容最好手写。

④ 书写工整，文笔流畅。

⑤ 发信后及时电话联系，提高反馈率。

知识点三：潜在客户的管理

汽车品牌经销店可以按照客户意向级别进行管理。销售顾问将客户按照MAN法则判断为不同级别，针对不同级别的客户，销售顾问可以确定不同的跟进时间和频率。除O级客户以外，其他级别客户首次跟进时间均为24小时内第一次跟进，再次确认级别。H级客户的持续跟进频率建议为：2天至少1次。

客户意向级别管理见表2-4。

表 2-4 客户意向级别管理

级别	定义	首次跟进时间	持续跟进频率
O级	当场签约或缴纳定金的客户	24 小时内第一次跟进，再次确认	视情况而定
H级	7日内可能购车的客户		2天至少1次
A级	15日内可能购车的客户		3天至少1次
B级	30日内可能购车的客户		4天至少1次
C级	2～3个月内可能购车的客户		7天至少1次
N级	购车时间暂时无法确定		15天至少1次

配套表格：

本环节有以下两个配套表格："展厅流量登记表"和"客户信息卡"。

1. 展厅流量登记表

（1）表格使用目的

统计 4S 店每天的到店客户数量，到店客户信息，以及销售顾问和电销顾问的工作量。

（2）表格填写

由前台填写。

（3）使用频率

销售顾问接待完每一位客户后，要及时将客户信息录入表 2-5。

表 2-5 展厅流量登记表

序号	日期	到店时间	离店时间	销售顾问	电销顾问	来店方式	来店渠道	来店目的	来店频率	客户姓名	客户电话	来店人数	意向车型	备注	试驾	录入系统
1																
2																
3																
4																
5																
6																
…																

注：来店方式分为自驾、步行和其他；来店渠道分为自然来店、电话邀约、关系客户、其他；来店频率分为初次到店、二次到店。

2. 客户信息卡（见表 2-6）

（1）表格使用目的

掌握客户信息、车辆信息资料，以及客户对车辆的使用习惯等，为后期销售服务店的售后回访及维修服务提供保证。

（2）表格填写

销售顾问，单一客户一张表格。

（3）使用频率

客户交款开发票时销售顾问根据得到本日的销售序号编写本卡档案号。顾客提车时请顾客详尽填写本卡。

表2-6 客户信息卡

客户信息卡						
车牌号：				档案号：		
车主信息						
车主姓名（公司名称）		生日（创立日）		身份证号码（统一社会信用代码）		
联系地址		联系电话		工作单位		
变更地址		联系电话			
车辆使用者		联系电话			
方便拜访场所		□住所　□公司　□维修站　□其他				
方便拜访时间		□上午　□下午　□晚上　　时　　分				
相关信息						
购买类型		付款方式			家庭情况	
□新购	□换购	现金		姓名	称谓	出生日	职业
□增购	□其他	分期：	贷款银行				
客户来源			按揭年限				
			起始时间				
车辆信息						
车型		牌照价格				
车辆售价		装潢项目				
车架号							
发动机号		上牌服务费				
生产日期		年审时间				
交车日期		保险费用				
颜色		保险公司				
主钥匙密码		保险时间				
音响PIN		保险项目				
车辆使用情况						
车辆主要用途							
月里程							
节假日用车							
客户推介情况						
推介次数	推介客户名称	所购车型	购车数量	购车时间		备注
第一次						
第二次						
第三次						
回访（强制回访）						
第一次回访	车辆使用情况：			客户意见：		
	回访方式：	责任人		回访时间：	
第二次回访	车辆使用情况：			客户意见：		
	回访方式：	责任人		回访时间：	
制表：　　　　　审核：　　　　　时间：						

（正面）

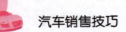

汽车销售技巧

回访（客户关系维护）		
第一次回访	车辆使用情况：	
时间：	客户近况：	
第二次回访	车辆使用情况：	
时间：	客户近况：	
第三次回访	车辆使用情况：	
时间：	客户近况：	
第四次回访	车辆使用情况：	
时间：	客户近况：	
第五次回访	车辆使用情况：	
时间：	客户近况：	
第六次回访	车辆使用情况：	
时间：	客户近况：	

（背面）

销售顾问对潜在客户进行首次接待后,为留有有效信息的客户建立"客户信息卡",并且在每次跟进客户后对客户信息进行更新。

汇总当日"客户信息卡"和"展厅流量登记表"信息,并输入系统。销售经理或销售主管每日会对当日销售顾问的潜在客户信息管理进行检查确认,并对销售顾问进行有针对性的辅导和指导。

三、任务书

以小组为单位,学生进行分组练习。

任务描述:

各小组内部讨论确定情景,组内分工协作,选取两名代表分别扮演销售顾问和客户,进行电话拜访练习。主要内容有以下4点。

① 人物设定:
② 拜访目的:
③ 拜访步骤:
④ 拜访话术:

四、考核评价

(一)考核评价的组成及占比

由三部分组成,包括:组内评价(30%)、小组互评(30%)、教师评价(40%)。

(二)评价标准

① 熟练程度;
② 任务的完成情况;
③ 可行性。

成绩:A / B / C / D

五、任务小结

学习内容为项目二中的任务三:潜在客户的拜访及管理。通过学习潜在客户拜访前的准备、拜访客户的方式和潜在客户的管理3个知识点和2个案例,以及任务书的完成和评价,希望能够使同学们掌握潜在客户拜访的准备、拜访方式和潜在客户管理的技巧,高效地开展潜在客户拜访和管理。

客户接待

 项目简介

本项目主要介绍了客户接待前的准备工作，展厅接待和电话接待的流程、技巧、话术、方法和工作标准。通过对客户接待知识和技能的学习，可以帮助学生们培养良好职业技能和职业素质。

 教学环境

汽车营销实训室：包括移动教室、电脑、投影仪、接待台、谈判桌、展车、汽车4S店展厅各功能区等。

 学习引导

本项目学习可以采用以下顺序：
导入案例——知识技能学习——任务书——考核评价——任务小结

任务一　接待前的准备

 教学目标

知识目标：
1. 能够正确说明接待前的展厅准备；

项目三 客户接待

2. 能够正确说明接待前的销售顾问准备；
3. 能够正确说明接待前的销售工具准备。

技能目标：
1. 能够准确开展接待前的展厅准备工作；
2. 能够准确开展接待前的销售顾问准备工作；
3. 能够准确开展接待前的销售工具准备工作。

素质目标：
1. 有较强的观察和执行能力；
2. 有较强的理解判断能力；
3. 对工作有持续的热情。

教学重难点

教学重点：
接待前的销售工具准备工作。

教学难点：
接待前的销售顾问准备工作。

一、导入案例

一位新客户打来电话、来展厅看车，也许就开始了长期的带来效益的业务关系。所以作为企业的一员，销售顾问一定要自接触客户开始起，通过礼貌接待、细致热情的服务，提高汽车集团品牌、销售服务店、销售顾问自身在客户心中的认识和地位。

案例描述：销售顾问张力，大学毕业半年时间，于本月定岗销售顾问，今天第一天上岗。

提问：张力需要为今天的第一天上岗做哪些准备？

通过同学们的回答，引出接待前的准备工作。

二、知识技能学习

汽车销售顾问在接待客户过程中，要完整地进行整个流程，确保为客户提供完整满意的服务。完整的汽车销售流程如图3-1所示。

知识点一：展厅环境准备

（一）展厅整体环境

展厅整体环境准备包括墙面标示（CI\VI）、型录架、温度、灯光、音乐等。

（二）车辆展示区

车辆展示区准备包括车辆，规格架，车辆按标准摆放，保证车况良好、清洁

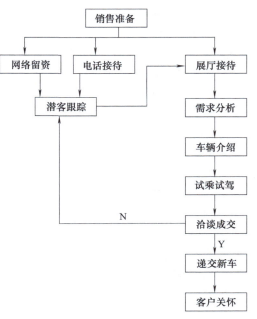

图3-1 汽车销售流程

23

（包括漆面、塑料罩、防护膜），音响，车型牌等。

（三）顾客休息区

顾客休息区准备包括整体整齐清洁，备有烟灰缸、杂志架、报纸架、饮水机、绿植、电视、碟机、沙发、床等。

（四）业务洽谈区

业务洽谈区准备包括桌面整洁、备有烟灰缸。

（五）顾客接待台

顾客接待台准备包括干净无杂物的台面，必需的资料、电话、电脑等。

（六）卫生间

卫生间准备包括有醒目明确标识，清洁，符合人性化设计，音乐；在条件允许的情况下员工与客户分离。

（七）儿童游戏区

儿童游戏区准备包括设置在展厅里端，相对独立，专人负责，安全，对儿童有吸引力。

知识点二：销售人员的准备

（一）仪容仪表

1. 仪容

严格遵守项目二任务三：潜在客户的拜访及管理中的外部形象准备的仪容部分。

2. 着装

严格遵守项目二任务三：潜在客户的拜访及管理中的外部形象准备的仪表部分。

3. 举止

举止得体，走动或引导动作不宜过大，让客户有受尊重和美好的体验。

（二）规范的语言

销售顾问在接待客户过程中要注意规范语言的使用，可以从以下6个方面进行提高。

① 制造融洽的谈话气氛；
② 进行准确的产品性能介绍；
③ 进行适宜的竞品应对；
④ 保持谦虚谨慎的态度；
⑤ 表现幽默风趣的性格；
⑥ 多使用礼貌用语。

常见礼貌用语列举：您好！谢谢！欢迎光临！欢迎下次光临！感谢来电！请坐！请喝茶！这边请！请问！请稍等！对不起！非常抱歉！请见谅！等。

知识点三：销售工具的准备

（一）名片

名片由4S店统一印制，名片内容包括姓名、职位、联系方式、企业全称、企业地址、企业官网和官微等。图3-2所示是一张名片。

（二）工具夹

销售顾问人手一个工具夹，工具夹中包含销售顾问销售工作过程中用到的所有销售工具，例如，产品列表、竞品分析表、计算器、整车库存表、精品价目表、购车合同、笔、便笺纸等。图3-3所示是汽车销售顾问使用的销售工具夹。

项目三　客户接待

图 3-2　名片示例

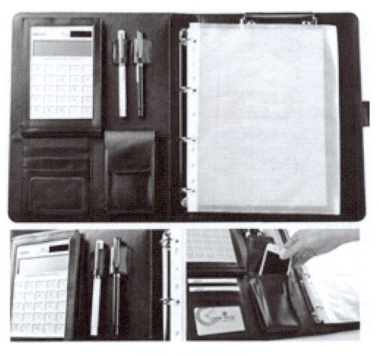

图 3-3　销售工具夹

三、任务书

以小组为单位，学生进行分组练习，组内讨论，选取一名代表进行汇报。

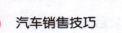

任务描述：

请同学们以小组为单位确定一家汽车 4S 店（最好选取当地现有的汽车 4S 店），假设本小组同学均为该 4S 店销售顾问岗位的员工。

任务 1： 请同学们为自己制作一张名片，名片信息与任务描述中保持一致。

任务 2： 请同学们为自己准备（购买）一个工具夹，本环节工具夹是空的，随着后续环节的学习，逐渐增加工具夹中的销售工具。

四、考核评价

（一）考核评价的组成及占比

由三部分组成，包括：组内评价（30%）、小组互评（30%）、教师评价（40%）。

（二）评价标准

① 熟练程度；
② 任务的完成情况；
③ 可行性。

成绩： A ／ B ／ C ／ D

五、任务小结

学习内容为项目三中的任务一：接待前的准备。通过学习展厅环境的准备、销售人员的准备和销售工具的准备 3 个知识点，以及任务书的完成和评价，希望能够使同学们掌握接待前的准备要点和方法，准确地开展客户接待的准备工作。

任务二　展厅接待

 教学目标

知识目标：

1. 熟记展厅接待流程；
2. 熟记展厅接待礼仪要求；
3. 熟记展厅接待话术。

技能目标：

1. 熟练操作展厅接待流程；
2. 熟练使用展厅接待礼仪；
3. 熟练使用展厅接待话术。

素质目标：

1. 有较强的沟通交流能力；
2. 有很强的服务意识；
3. 对工作有持续的热情。

项目三 客户接待

教学重难点

教学重点：
展厅接待流程。
教学难点：
展厅接待礼仪和话术。

一、导入案例

客户在到访汽车4S店时，每个客户的期望是不同的，有的客户希望得到所需的产品手册，有的客户希望能够进行产品试乘试驾，有的客户希望得到一个满意的产品价格，但是，所有的客户期望都是始于良好的展厅接待体验。

汽车4S店是各汽车品牌销售汽车的主要场所，但是，对于同一地区、同一汽车品牌，不同4S店销售业绩却是不同的。有的门庭若市，有的门可罗雀，有的老板赚得盆满钵满，有的老板却赔得一塌糊涂。

提问：请分析同一地区、同一汽车品牌，不同4S店销售业绩不同的原因。

通过同学们的回答，引出展厅接待的重要性。

二、知识技能学习

知识点一：人性化的接待流程

（一）接待流程

图3-4展示的是一个完整的展厅接待环节的接待流程。客户到店时，销售顾问出店迎接，进行自我介绍，并询问客户的称呼和到店目的。如果客户是到店办理业务，由相关人员

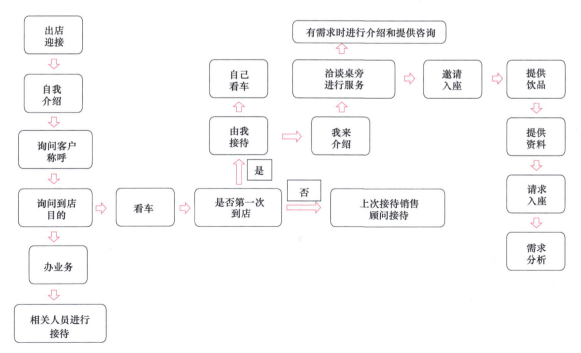

图3-4 展厅接待环节的接待流程

27

进行接待。如果客户是到店看车，接待销售顾问则询问客户是否第一次到店；如果客户是第二次及以上次数到店，则由上次接待的销售顾问进行接待；如果客户是第一次到店，则由接待销售顾问接待。接下来询问客户是要自己看车还是由销售顾问来介绍，如果客户选择自己看车，则让客户自己看车，销售顾问做好接待准备，以便随时接待客户；如果客户选择由销售顾问来介绍，销售顾问可以引导客户至洽谈桌旁，邀请客户入座，为客户提供饮品和车型资料，并请求坐在客户旁边，转入需求分析环节。

（二）工作标准

根据展厅接待环节的工作内容，对以下3个方面进行工作标准介绍。

1. 值班方法

销售顾问分为3个梯队进行客户接待。

展厅门口（第一工作点），人员不得少于1人；

展厅接待台（第二工作点），人员不得超过2人；

销售办公室（第三工作点），人员不限。

梯队轮换方法：原则上第一梯队的销售顾问优先接待客户，第二梯队人员及时补充。

2. 客户迎接

到店客户分为非自驾车客户和自驾车客户，现对两类到店客户的迎接工作标准分别进行介绍。

（1）非自驾车客户

门口值班销售顾问主动问候客户。（早上好，欢迎来到×××汽车经销店！）

带有重物或不易提、拿物品的客户，销售顾问应询问客户是否可以帮助客户妥善保管。

引导客户进展厅，走在客户的斜前方，与客户保持一致的步调。

在销售服务店展厅门前，让客户优先进入展厅。

（2）自驾车客户

保安（无保安则由销售顾问担当）及时引导客户，在客户停车区停好车辆。

注意收集客户当前车辆的信息（车辆特征：车型、年代、颜色、车牌号码等）。

门口值班销售顾问主动问候客户，并询问客户是否可以帮助客户提拿负重物。

引导客户进展厅，走在客户的斜前方，与客户保持一致的步调。

在销售服务店展厅门前，让客户优先进入展厅。

3. 客户到店拜访销售顾问

客户到店拜访销售顾问分为两种情况：销售顾问在销售服务店和销售顾问外出不在销售服务店，现对两种情况的工作标准分别进行介绍。

（1）销售顾问在销售服务店

接待销售顾问应该先请客户在客户休息区落座，并马上通知被访者会客，同时，接待销售顾问应该为客户奉茶水并说："先生（女士）请用茶，请稍等一下，小王马上就来。"

在被访销售顾问没有接待客户之前，接待销售顾问应该陪同客户，直至证实他可以得到适当的帮助为止。

（2）销售顾问外出，不在销售服务店

接待销售顾问应该先请客户在客户休息区落座，并马上联络被访者，可使用话术："小王刚好外出,请您先坐一下,我们马上帮您联络。"

同时,接待销售顾问应该询问客户需求,且视情况主动关怀并提供服务。

接待销售顾问应该为客户奉茶水并说:"先生(女士)请用茶,我们已经在帮您联络小王了。"

若无法联系到被访者,且接待销售顾问无法为其服务,则请客人留下姓名、电话及来访目的之后,再请被访者尽快和他联系;或写下被访人移动电话号码,请客户与被访人联系。

最后,接待销售顾问应该感谢客户的光临,请求谅解,并表示今后如有需要,将再提供效劳。

(三)注意事项

销售顾问在进行展厅接待环节时,应该留意一些注意事项,以期给客户留下良好的印象。

1. **形象举止方面**

销售顾问应该避免不合适的服装搭配;严禁跷起二郎腿、好动的站姿和坐姿;同时,应该避免一些习惯性动作,如仰面望天、揉鼻子、搓眼睛、摇头、叹气、搓手等。

2. **语言方面**

销售顾问应该避免读错别字,特别是读错客户的姓名;避免使用口头禅,以及不经意的脏字和方言,如果客户使用方言,为了方便和客户交流以及拉近距离,销售顾问可以使用方言;避免不经意的居高临下的口气或优越感;避免不适当的音量以及以自我为中心的谈话;等等。

3. **其他方面**

如遇雨天,销售顾问需要主动为客户打伞,避免客户淋雨;客户来到展厅时,销售顾问请勿过分热情,要适当把握尺度,不卑不亢;若同时有两三组人来看车,销售顾问要请求支援,不可让任何人受到冷落;若客户为第二次以上来展厅,需事先确认上次的接待人员,并及时通知。

配套表格:

本环节有四个配套表格:"销售服务店客户来电(店)量监控表""客户信息卡""意向客户跟进表"以及"意向客户跟进汇总表"。

1. **销售服务店客户来电(店)量监控表(见表 3-1)**

(1)表格使用目的

用于记录每日客户来电(店)的时间和批次,统计出每个销售人员每天接待的客户数量和有效接待数量,可作为评价销售顾问日接待工作质量的依据,此表是"意向客户跟进汇总表"的基础。

(2)表格填写

"当日总结"栏目以上部分:由销售服务店值班人员负责,值班方式由销售服务店安排;

"当日总结"栏目部分:由销售服务店信息员统计、填写;

信息员结合销售顾问"每日工作纪要"核对每日来电(店)情况,统计出留有资料的客户数。

(3)使用频率

每日使用,表格使用以周为单位。每晚下班前转交信息员进行统计分析。

表 3-1　销售服务店客户来电（店）量监控表

<table>
<tr><td colspan="22" align="center">销售服务店客户来电（店）量监控表</td></tr>
<tr><td colspan="22" align="right">月第　周</td></tr>
<tr><td rowspan="2">序号</td><td colspan="3">星期一
（　月　日）</td><td colspan="3">星期二
（　月　日）</td><td colspan="3">星期三
（　月　日）</td><td colspan="3">星期四
（　月　日）</td><td colspan="3">星期五
（　月　日）</td><td colspan="3">星期六
（　月　日）</td><td colspan="3">星期日
（　月　日）</td></tr>
<tr><td colspan="3"></td><td colspan="3"></td><td colspan="3"></td><td colspan="3"></td><td colspan="3"></td><td colspan="3"></td><td colspan="3"></td></tr>
<tr><td>1</td><td colspan="3"></td><td colspan="3"></td><td colspan="3"></td><td colspan="3"></td><td colspan="3"></td><td colspan="3"></td><td colspan="3"></td></tr>
<tr><td>2</td><td colspan="3"></td><td colspan="3"></td><td colspan="3"></td><td colspan="3"></td><td colspan="3"></td><td colspan="3"></td><td colspan="3"></td></tr>
<tr><td>3</td><td colspan="3"></td><td colspan="3"></td><td colspan="3"></td><td colspan="3"></td><td colspan="3"></td><td colspan="3"></td><td colspan="3"></td></tr>
<tr><td>4</td><td colspan="3"></td><td colspan="3"></td><td colspan="3"></td><td colspan="3"></td><td colspan="3"></td><td colspan="3"></td><td colspan="3"></td></tr>
<tr><td>5</td><td colspan="3"></td><td colspan="3"></td><td colspan="3"></td><td colspan="3"></td><td colspan="3"></td><td colspan="3"></td><td colspan="3"></td></tr>
<tr><td>6</td><td colspan="3"></td><td colspan="3"></td><td colspan="3"></td><td colspan="3"></td><td colspan="3"></td><td colspan="3"></td><td colspan="3"></td></tr>
<tr><td>7</td><td colspan="3"></td><td colspan="3"></td><td colspan="3"></td><td colspan="3"></td><td colspan="3"></td><td colspan="3"></td><td colspan="3"></td></tr>
<tr><td>8</td><td colspan="3"></td><td colspan="3"></td><td colspan="3"></td><td colspan="3"></td><td colspan="3"></td><td colspan="3"></td><td colspan="3"></td></tr>
<tr><td>9</td><td colspan="3"></td><td colspan="3"></td><td colspan="3"></td><td colspan="3"></td><td colspan="3"></td><td colspan="3"></td><td colspan="3"></td></tr>
<tr><td>10</td><td colspan="3"></td><td colspan="3"></td><td colspan="3"></td><td colspan="3"></td><td colspan="3"></td><td colspan="3"></td><td colspan="3"></td></tr>
<tr><td>11</td><td colspan="3"></td><td colspan="3"></td><td colspan="3"></td><td colspan="3"></td><td colspan="3"></td><td colspan="3"></td><td colspan="3"></td></tr>
<tr><td>12</td><td colspan="3"></td><td colspan="3"></td><td colspan="3"></td><td colspan="3"></td><td colspan="3"></td><td colspan="3"></td><td colspan="3"></td></tr>
<tr><td>13</td><td colspan="3"></td><td colspan="3"></td><td colspan="3"></td><td colspan="3"></td><td colspan="3"></td><td colspan="3"></td><td colspan="3"></td></tr>
<tr><td>14</td><td colspan="3"></td><td colspan="3"></td><td colspan="3"></td><td colspan="3"></td><td colspan="3"></td><td colspan="3"></td><td colspan="3"></td></tr>
<tr><td>15</td><td colspan="3"></td><td colspan="3"></td><td colspan="3"></td><td colspan="3"></td><td colspan="3"></td><td colspan="3"></td><td colspan="3"></td></tr>
<tr><td>16</td><td colspan="3"></td><td colspan="3"></td><td colspan="3"></td><td colspan="3"></td><td colspan="3"></td><td colspan="3"></td><td colspan="3"></td></tr>
<tr><td>17</td><td colspan="3"></td><td colspan="3"></td><td colspan="3"></td><td colspan="3"></td><td colspan="3"></td><td colspan="3"></td><td colspan="3"></td></tr>
<tr><td>18</td><td colspan="3"></td><td colspan="3"></td><td colspan="3"></td><td colspan="3"></td><td colspan="3"></td><td colspan="3"></td><td colspan="3"></td></tr>
<tr><td>19</td><td colspan="3"></td><td colspan="3"></td><td colspan="3"></td><td colspan="3"></td><td colspan="3"></td><td colspan="3"></td><td colspan="3"></td></tr>
<tr><td>20</td><td colspan="3"></td><td colspan="3"></td><td colspan="3"></td><td colspan="3"></td><td colspan="3"></td><td colspan="3"></td><td colspan="3"></td></tr>
<tr><td>21</td><td colspan="3"></td><td colspan="3"></td><td colspan="3"></td><td colspan="3"></td><td colspan="3"></td><td colspan="3"></td><td colspan="3"></td></tr>
<tr><td>22</td><td colspan="3"></td><td colspan="3"></td><td colspan="3"></td><td colspan="3"></td><td colspan="3"></td><td colspan="3"></td><td colspan="3"></td></tr>
<tr><td>23</td><td colspan="3"></td><td colspan="3"></td><td colspan="3"></td><td colspan="3"></td><td colspan="3"></td><td colspan="3"></td><td colspan="3"></td></tr>
<tr><td>24</td><td colspan="3"></td><td colspan="3"></td><td colspan="3"></td><td colspan="3"></td><td colspan="3"></td><td colspan="3"></td><td colspan="3"></td></tr>
<tr><td>25</td><td colspan="3"></td><td colspan="3"></td><td colspan="3"></td><td colspan="3"></td><td colspan="3"></td><td colspan="3"></td><td colspan="3"></td></tr>
<tr><td>26</td><td colspan="3"></td><td colspan="3"></td><td colspan="3"></td><td colspan="3"></td><td colspan="3"></td><td colspan="3"></td><td colspan="3"></td></tr>
<tr><td>27</td><td colspan="3"></td><td colspan="3"></td><td colspan="3"></td><td colspan="3"></td><td colspan="3"></td><td colspan="3"></td><td colspan="3"></td></tr>
<tr><td>28</td><td colspan="3"></td><td colspan="3"></td><td colspan="3"></td><td colspan="3"></td><td colspan="3"></td><td colspan="3"></td><td colspan="3"></td></tr>
<tr><td>29</td><td colspan="3"></td><td colspan="3"></td><td colspan="3"></td><td colspan="3"></td><td colspan="3"></td><td colspan="3"></td><td colspan="3"></td></tr>
<tr><td>30</td><td colspan="3"></td><td colspan="3"></td><td colspan="3"></td><td colspan="3"></td><td colspan="3"></td><td colspan="3"></td><td colspan="3"></td></tr>
<tr><td rowspan="9">当日总结</td><td>销售顾问</td><td>接待客户</td><td>留有资料</td><td>销售顾问</td><td>接待客户</td><td>留有资料</td><td>销售顾问</td><td>接待客户</td><td>留有资料</td><td>销售顾问</td><td>接待客户</td><td>留有资料</td><td>销售顾问</td><td>接待客户</td><td>留有资料</td><td>销售顾问</td><td>接待客户</td><td>留有资料</td><td>销售顾问</td><td>接待客户</td><td>留有资料</td></tr>
<tr><td></td><td></td><td></td><td></td><td></td><td></td><td></td><td></td><td></td><td></td><td></td><td></td><td></td><td></td><td></td><td></td><td></td><td></td><td></td><td></td><td></td></tr>
<tr><td></td><td></td><td></td><td></td><td></td><td></td><td></td><td></td><td></td><td></td><td></td><td></td><td></td><td></td><td></td><td></td><td></td><td></td><td></td><td></td><td></td></tr>
<tr><td></td><td></td><td></td><td></td><td></td><td></td><td></td><td></td><td></td><td></td><td></td><td></td><td></td><td></td><td></td><td></td><td></td><td></td><td></td><td></td><td></td></tr>
<tr><td></td><td></td><td></td><td></td><td></td><td></td><td></td><td></td><td></td><td></td><td></td><td></td><td></td><td></td><td></td><td></td><td></td><td></td><td></td><td></td><td></td></tr>
<tr><td></td><td></td><td></td><td></td><td></td><td></td><td></td><td></td><td></td><td></td><td></td><td></td><td></td><td></td><td></td><td></td><td></td><td></td><td></td><td></td><td></td></tr>
<tr><td></td><td></td><td></td><td></td><td></td><td></td><td></td><td></td><td></td><td></td><td></td><td></td><td></td><td></td><td></td><td></td><td></td><td></td><td></td><td></td><td></td></tr>
<tr><td></td><td></td><td></td><td></td><td></td><td></td><td></td><td></td><td></td><td></td><td></td><td></td><td></td><td></td><td></td><td></td><td></td><td></td><td></td><td></td><td></td></tr>
<tr><td colspan="3">合计</td><td colspan="3">合计</td><td colspan="3">合计</td><td colspan="3">合计</td><td colspan="3">合计</td><td colspan="3">合计</td><td colspan="3">合计</td></tr>
</table>

项目三 客户接待

2. 客户信息卡

见项目二任务三中表2-6。

3. 意向客户跟进表（见表3-2）

（1）表格使用目的

用于协助销售顾问记录与客户的销售跟进情况，以便指导销售顾问分析客户状态，做好长期跟进。另外，方便销售经理（主管）检查销售跟进质量，并做出工作指导建议。

（2）表格填写

表格填写由销售经理、销售顾问负责。

（3）使用频率

每日使用，单一客户一张跟进表。

表3-2 意向客户跟进表

顾客信息										
客户姓名：			性别		客户现有车型：					
客户情况简介（特征/年龄/职业/爱好/收入/）					手机/电话/传真：					
					详细地址/邮编：					
					意向车型/价格：				意向颜色：	
客户信息来源：□来电 □来店 □广告 □走访 □DM □市场推广 □介绍（介绍人）_____ □其他										
所在区域：A B C D E										
周边已购车（ABC）人群		姓名：		联系方式：			已购车型/时间：			
其他考虑车型：	品牌：		车型：	本次购买原因：		□新购		□新增	□替换	□其他
因素	价格	车身外形	售后服务	安全性	发动机	油耗量	车内空间	车辆配置	加速性	操控性
跟进进度	□初访		□展示	□试驾	□车型	□颜色		□价格	□签约	□交车
跟进访问内容										
初次（　年　月　日　点）洽谈印象										
洽谈情况：					结果：					
					下次跟进时间：					
第二次（　年　月　日　点）访问方式：					第三次（　年　月　日　点）访问方式：					
情况（尽量引导客户提问）：					情况（尽量引导客户提问）：					
结果：					结果：					
客户级别变化：_____ 下次跟进时间：_____					客户级别变化：_____ 下次跟进时间：_____					
销售经理（主管）建议（定期或随机检查）										
								填写人员：_____ 时间：_____		

（正面）

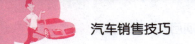

跟进访问内容	
第四次（　年　月　日　点）访问方式：	第五次（　年　月　日　点）访问方式：
情况（尽量引导客户提问）：	情况（尽量引导客户提问）：
结果：	结果：
客户级别变化：_____ 下次跟进时间：_____	客户级别变化：_____ 下次跟进时间：_____
第六次（　年　月　日　点）访问方式：	第七次（　年　月　日　点）访问方式：
情况（尽量引导客户提问）：	情况（尽量引导客户提问）：
结果：	结果：
客户级别变化：_____ 下次跟进时间：_____	客户级别变化：_____ 下次跟进时间：_____
业务洽谈结果　　　　　　　成交／未成交	
原因分析： 销售心得： 　　　　　　　　　　　　　　　填写人员：_____ 时间：_____	
销售经理（主管）确认及建议 　　　　　　　　　　　　　　　填写人员：_____ 时间：_____	

（背面）

4. 意向客户跟进汇总表（见表3-3）

（1）表格使用目的

用于统计销售顾问的个人意向客户数目，监控意向客户的跟踪状态，指导销售顾问的意向客户销售跟进工作，同时销售经理（主管）也可借助"意向客户跟进汇总表"进行销售监督以及销售统计分析工作。

（2）表格填写

表格填写由销售顾问负责。若使用销售管理软件，则由电脑统计。

（3）使用频率

按月度统计填写。

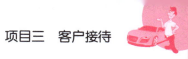

表 3-3　意向客户跟进汇总表

销售顾问：																
序号	姓名	跟进表编号	客户信息来源	区域	欲购车型		联系电话	客户跟进状况						客户级别		备注
					车型	颜色		展示	试驾	车型	颜色	价格	签约	交车	初始	变更	变更	
1																		
2																		
3																		
4																		
5																		
6																		
7																		
8																		
9																		
10																		
11																		
12																		
13																		
14																		
15																		
16																		
17																		
18																		
19																		
20																		
21																		
22																		
23																		
24																		
25																		
26																		
27																		
28																		
29																		
30																		

汽车销售技巧

知识点二：高规格的行为标准

在展厅接待环节，销售顾问的行为标准应遵循营销礼仪，从站姿、走姿、鞠躬、引导、递名片、拉椅子、递茶水和微笑服务8个方面进行提高。

（一）站姿

女性销售顾问双脚呈V字形站立，双手虎口相握，提至肚脐处，挺直后背，目视前方，保持自然微笑；男性销售顾问双脚与肩同宽站立，双手自然下垂至身体两侧，挺直后背，目视前方，保持自然微笑。

（二）走姿

销售顾问步伐稳健，速度适中，双手自然摆动。

（三）鞠躬

销售顾问目视客户，面带微笑，双脚并拢，后背挺直，以胯为轴向前弯曲身体，目光落于脚前1米处（30°礼），女性销售顾问双手合起放于腹部，男性销售顾问双手自然下垂至身体两侧。

（四）引导

销售顾问走在客户侧前方2~3步，步调与客户一致，引导手四指并拢，虎口微微打开，手臂内收，手尖倾斜上推，行至门前请客户先入内。

（五）递名片

销售顾问目视客户，面带微笑，双手递上，面朝上、字朝客户。

（六）拉椅子

销售顾问双手扶椅背，轻抬轻落，客户面向展车落座，销售顾问坐于客户右侧。

（七）递茶水

销售顾问双手递上茶水，放于客户右手边。

（八）微笑服务

销售顾问在接待客户的过程中，应该保持自然微笑，微笑应该发自内心，让客户感觉到温暖和受欢迎。

知识点三：有感染力的接待话术

汽车销售顾问在接待客户过程中使用的标准语言称之为话术，接待话术要有一定的感染力，使用礼貌用语，多用尊称和敬语。展厅接待话术可以总结为：进店开口的7句话和洽谈桌旁的五部曲。

（一）进店开口的7句话

① 先生/女士，您好，欢迎光临（汽车销售展厅），里边请！
② 我是这里的销售顾问，这是我的名片，您叫我小×就好。
③ 请问先生/女士您怎么称呼？
④ ×先生/女士，很高兴认识您！
⑤ 请问有什么可以帮到您的？（或者，您今天是来看车还是办业务？）
⑥ 请问您是第一次到店吗？（如果是第一次到店）
⑦（那由我来接待您）×先生/女士，您是想自己看看还是由我来介绍呢？

（二）洽谈桌旁的五部曲

洽谈桌旁的工作可以概括为5个动作，请、拉、问、递、坐，话术为：

① 请：为了有针对性地为您介绍车辆，请先到这边洽谈桌坐一下吧！（面向展车落座）

②拉：×先生/女士，这边请！（同时帮客户拉椅子）您请坐！

③问：×先生/女士，我们这边提供免费的红茶、绿茶、矿泉水，您需要哪一种呢？

④递：这是我们展厅的一些车型资料，您先看一下（资料正面朝向顾客，并翻开），我去帮您倒水，请稍等。

⑤坐：为了更方便地与您交流，我可以坐在您的旁边吗？（落座于客户右侧）

拓展知识：展厅接待流程口诀

为了使客户有宾至如归的感觉，销售顾问需要从三方面来提高服务质量，即人性化的接待流程、高规格的行为标准以及有感染力的接待话术。下面整理成展厅接待流程的口诀，便于记忆。

迎出门外先鞠躬，目视客户笑相迎，引导手势要到位，进门客先我后行；

自我介绍要全面，头衔姓名和简称，名片双手字朝上，询问客户姓与名，连名带姓表欢迎；

试问客户到店故，新客老客问清楚，新客由我来接待，老客请您先稍等，接待到位才算停；

想要看车您先看，随时为您来服务，想要洽谈这边请，洽谈桌旁先坐定；

拉椅让座面朝车，站定右旁问茶水，先看资料请稍等，茶水双手右边上，更好服务可坐旁；

接待流程记于心，话术礼仪要并行，第一印象很重要，宾至如归好心情！

三、任务书

以小组为单位，学生进行分组（延续"项目三任务一"确定的一家汽车4S店）练习。

任务描述：

各小组内部讨论确定情景，组内分工协作，选取两名代表分别扮演销售顾问和客户，小组内其他同学角色自拟，进行展厅接待练习。

①注意接待流程的使用；

②注意行为标准的使用；

③注意接待话术的使用。

四、考核评价

（一）考核评价的组成及占比

由三部分组成，包括：组内评价（30%）、小组互评（30%）、教师评价（40%）。

（二）评价标准

①熟练程度；

②任务的完成情况；

③可行性。

成绩：A ／ B ／ C ／ D

五、任务小结

学习内容为项目三中的任务二：展厅接待。通过学习展厅接待的流程、行为标准和话术3个知识点和1个拓展知识：展厅接待流程口诀，以及任务书的完成和评价，希望能够使同学们掌握展厅接待的流程、方法和技巧，高规格地开展展厅接待。

任务三 电话接待

 教学目标

知识目标：
1. 能够正确说明电话接待流程；
2. 能够正确说明电话接待礼仪；
3. 能够正确说明电话接待技巧。

技能目标：
1. 能够准确地按照电话接待流程进行电话接待；
2. 能够准确地使用电话接待礼仪；
3. 能够准确地使用电话接待技巧。

素质目标：
1. 有较强的沟通交流能力；
2. 有较强的理解判断能力；
3. 对工作有持续的热情。

 教学重难点

教学重点：
电话接待流程。
教学难点：
电话接待礼仪和技巧。

一、导入案例

电话接待是汽车销售顾问展厅接待的另外一项重要工作，由于电话接待具有不可视性，更需要销售顾问具备较强的接待能力。

案例描述：假如您是一名客户，某日初次拨通了别克4S店的前台电话，想要咨询君越的车型资料和价格。

请问：您希望得到怎样的电话接待呢？什么样的电话接待会使您前往4S店展厅对车辆进行进一步的了解呢？

通过同学们的回答，引出电话接待的技巧和注意事项。

二、知识技能学习

知识点一：电话接待流程

（一）电话接待流程

图3-5展示的是一个完整的电话接待流程。销售顾问接听客户电话，倾听客户需求，询问客户是否咨询销售问题，如果客户不是咨询销售问题，则对电话进行转接，转接成功进入相应处理程序，转接如果不成功则记录客户电话留言；如果客户咨询销售问题，则询问客户

是否有指定销售员，如果有指定销售员，则由对应的销售顾问接听，转接成功则进入销售跟进流程，转接如果不成功则记录客户电话留言；如果客户没有指定销售员，则询问客户是否有购车需求，如果客户没有购车需求，则填写"销售服务店客户来电（店）量监控表"，建立"意向客户跟进表"；如果客户有购车需求，则邀请客户到展厅，如果其愿意到展厅，则与客户约定时间，并做好相应的工作准备，转入展厅接待流程；如果客户不愿意到展厅，则在电话上向客户介绍车辆情况，并与客户约定拜访时间或下次来展厅看车，最后填写"销售服务店客户来电（店）量监控表"，建立"意向客户跟进表"。

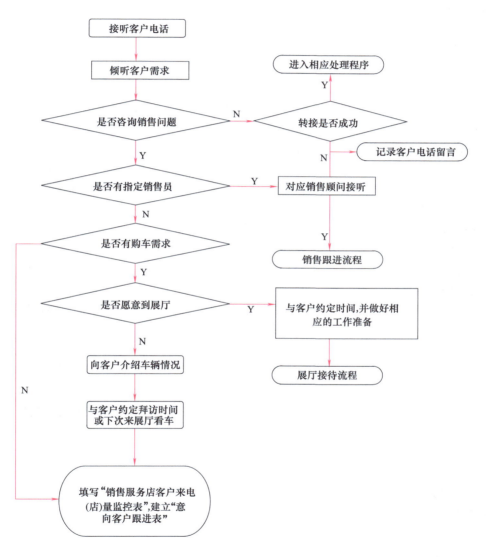

图 3-5　电话接待流程

（二）电话接待工作标准

汽车销售顾问在电话接待过程中应该遵循工作标准，常用的工作标准如下所示。

① 在电话铃响 3 次内，销售顾问接听电话，并用积极友好的语气向客户问候。

话术示范：早上好 / 中午好 / 下午好！欢迎致电武汉 ×× 奔驰！

②因特殊原因接听让客户久等的电话，要向来电者致歉。

③电话前放置小镜子审视自己的表情状态。

④讲电话时控制语速，保证声音不要过大，话筒离口的距离不要过近或过远。

⑤使用汽车经销店专用问候语，主动报经销店名称与接听人职务、姓名。

话术示范："您好，武汉××奔驰，我是销售顾问张文，很高兴为您服务。请问有什么可以帮您？"

⑥顺利转接电话。如果电话需要转接，必须在20秒钟内完成，并留心是否连接成功。

⑦如果电话打来时销售顾问正和来客交谈，应优先接听电话，并事先向洽谈客户致歉。

⑧电话结束时感谢客户致电，积极邀请客户来店参观。

话术示范：李先生，明天我就可以为您安排试乘试驾预约，欢迎您和家人朋友一起来体验，您只要带上驾照就可以。我能问一下您的电话号码吗？以便有什么事情我可以立刻联系您。如果您的计划有变，您可以打电话给我，我们会重新为您安排预约。感谢您的来电。那我们明天上午×点见。

⑨电话结束后，销售顾问发送感谢短信，并告知经销店地址信息和销售顾问信息。

话术示范：×先生，非常感谢您致电我们武汉××奔驰销售服务店。我是刚才接听您电话的小×，这是我的手机，请您存留。之前和您谈得很愉快，您有任何问题可随时拨打我的电话，我的手机是24小时开机的。为了方便您到我们服务店，这是我们销售服务店的地址……如果您来提前电话联系我，我可以帮您安排一下行车路线，并恭候您的光临。销售顾问：×××，再次感谢您的关注。

⑩主动为客户寄送资料或者发电子邮件。

（三）电话接待的注意事项

销售顾问在进行电话接待环节时，应该留意以下一些注意事项，以期给客户留下良好的印象。

①接听电话的语气要亲切，营造融洽的气氛，让客户感觉自己是受欢迎的人，在发音时加入微笑发音，让对方感到友善。

②在内容表达上要清晰明了，在重复对方的需求时更应表述清楚。

③客户服务在沟通过程中尽可能留意客户的交谈方式，遣词用字要从对方的情感出发。

④要把注意力集中在解决问题上，不要争辩，注意倾听。

⑤要以专业的态度接受客户的抱怨，并保持冷静。

知识点二：电话接待的技巧

（一）电话接听的仪态要求

销售顾问在进行电话接听时应该遵循仪态要求，主要包括以下5点。

①表情自然放松。

②保持舒适坐姿。

③上身保持正直。

④双手分工明确。

⑤思想专注灵活。

良好的仪态可以使销售顾问在接听电话时更有亲和力，会让客户产生融洽感。注意左手持电话听筒，右手执笔或者操作鼠标，以保证接听电话更有效率。

（二）电话接听语音要求

销售顾问在进行电话接听时应该遵循语音要求，主要包括以下5点。

① 保持喜悦的心情，注意使用欢快的语调，尽管对方看不到你的微笑，但能感觉到你快乐的心情。

② 语速均匀，每分钟平均说话120字。

③ 说话时语气语调要柔和，恰当把握轻重缓急、抑扬顿挫。

④ 一般请使用普通话发音，在遇到对方使用方言时，可使用方言。

⑤ 尽量保持接听环境的安静，避免杂音。

（三）电话接听的邀约方法

销售顾问进行电话接听，根本目的是要邀约客户到店，进行面谈。销售顾问在接听客户电话时可以使用以下5种邀约方法同时要注意体现专业化，内容简单扼要，不能过于复杂。

① 积极进行邀约，不要放弃每个邀约的机会。

② 使用二选一方法确定时间（明天还是后天）。

③ 三不谈，即不过多谈产品、不过多谈竞品、不过多谈价格。

④ 对待客户要诚实，不说假话、空话。

⑤ 不争辩对方的问题。因为每个人都有自己的出发点，应认同想法、阐明观点。

配套表格：

本环节有两个配套表格："销售服务店客户来电（店）量监控表""电话留言簿"。

1. 销售服务店客户来电（店）量监控表

见项目三任务二中的表3-1。

2. 电话留言簿（见表3-4）

（1）表格使用目的

"电话留言簿"用于登记每日客户留言，以便销售顾问不在的时候能够获悉客户需求。

（2）表格填写

由销售服务店电话值班人员（电话接听员或销售顾问）负责。

（3）使用频率

每日使用。

表3-4 电话留言簿

电话留言簿	
日期：	来电时间：
来电人号码：	来电人姓名：
回电人姓名：	回电时间：
☐想约见你　☐请回电　☐有急事　☐是你的回电　☐会再来电话	
留言内容： 　　　　　　　　　　　　　　　　　　　　　　　　电话接听人：_____	

汽车销售技巧

三、任务书

两人一组，背靠背，分别扮演销售顾问和客户。

任务描述：

两人讨论确定具体情境，进行电话拜访练习。

场景一：客户张先生，准备给刚刚工作的女儿看车，对车不了解。

张先生："你好！你们那里有女孩开的车吗？"

场景二：客户李先生，做生意，现在用的是君威，准备给老婆买个车。

李先生："你好，是一汽大众吗？你们的车最便宜的多少钱？"

① 注意接待流程的使用；

② 注意接待标准的使用；

③ 注意接待话术的使用。

四、考核评价

（一）考核评价的组成及占比

由三部分组成，包括：组内评价（30%）、小组互评（30%）、教师评价（40%）。

（二）评价标准

① 熟练程度；

② 任务的完成情况；

③ 可行性。

成绩：A ／ B ／ C ／ D

五、任务小结

学习内容为项目三中的任务三：电话接待。通过学习电话接待的流程和技巧2个知识点和4个话术示范，以及任务书的完成和评价，希望能够使同学们掌握电话接待的流程、标准、注意事项和技巧，高效地开展电话接待工作。

项目四 顾客需求分析

  项目简介

本项目主要介绍了顾客购买动机，顾客购车的心理模式，汽车客户常见类型及应对措施，需求分析中提问和倾听的方法、技巧。通过对需求分析知识和技能的学习，可以帮助学生们培养良好职业技能和职业素质。

  教学环境

汽车营销实训室：包括移动教室、电脑、投影仪、接待台、谈判桌、展车、汽车4S店展厅各功能区等。

  学习引导

本项目学习可以采用以下顺序：
导入案例—知识技能学习—任务书—考核评价—任务小结

任务一 顾客购买动机分析

  教学目标

知识目标：
1. 了解常见汽车客户购买动机；
2. 了解客户购车的心理模式；

3. 能够正确说明客户类型。

技能目标：

1. 能够准确地判断客户的购买动机；

2. 能够准确地判断客户购车的心理模式；

3. 能够准确地判断客户类型并应对。

素质目标：

1. 有较强的沟通交流能力；

2. 有较强的观察判断能力；

3. 对工作有持续的热情。

教学重难点

教学重点：

判断客户的购买动机。

教学难点：

判断客户类型并应对。

一、导入案例

动机是一种推动人们为达成特定目标而采取行动的迫切需求，是行为的根本原因。当人们的这种需求必须通过购买行为才能满足时，就产生了对商品的购买动机。它是直接驱使消费者实行某种购买活动的一种自身动力，恰如其分地反映了消费者在心理上、感情上和精神上的需求，实质上也是为了满足某种需求而采取购买行为的动力。

案例描述：客户李先生想要购买一辆代步用的汽车，客户张先生想要购买一辆彰显身份的汽车。

提问：请问两位客户的购买动机是否一样？有什么区别？

通过同学们的回答，引出购买动机的内容。

二、知识技能学习

知识点一：顾客购买动机

动机是驱动人们行动的根本原因。销售顾问可以通过了解人们采购汽车的本质原因来更加有效地取得客户的订单。

（一）需求特征细分

影响客户购买动机的因素有很多种，销售顾问可以通过对需求特征的细分来综合判断客户的购买动机。客户需求特征可以从以下4个方面进行细分。

1. 心理需要伸缩

心理需要伸缩是指消费者对心理需要追求的层次高低、内容多寡和程度强弱，例如，对于购买汽车产品，有的客户宁缺毋滥，有的客户随大流购买。

2. 个人观念各异

个人观念包括个人信仰、生活方式等，个人观念一起形成客户的价值观念和审美角度。

3. 经济条件发展

对于购买汽车来说，经济条件的变化会影响需求层次的变化。

项目四 顾客需求分析

4. 环境影响转变

此处环境主要包括客户的外部环境，包括国家经济环境、生活工作环境、社交圈、厂家经销商广告等。

（二）购买动机决定车型选择

购买动机从根本上决定了客户对车型的选择，常见的购买动机可以分成以下两大类。

① 感情购买动机，包括求名动机、求美动机、求新动机、攀比动机等。

② 理智购买动机，包括求廉动机、求实动机、偏爱动机、信赖动机等。

（三）顾客购买动机分析步骤

销售顾问在分析顾客的购买动机时，可以从以下四步进行分析。

1. 弄清客户来意

客户到经销店常见的原因有三种，第一，想要购买新车，进行车辆咨询；第二，办理其他业务，例如购买保险、代办上牌等；第三，随便看一看，客户只是出于对汽车的爱好，或者初步有意向，但购买需求不紧迫也不强烈，例如，客户计划为即将大学毕业的女儿买一辆车，女儿明年毕业。销售顾问弄清楚客户到店的原因，有利于有计划地开展工作。

2. 询问欲购买车型

如果客户到店是想要购买新车，销售顾问可以通过询问客户欲购买车型来判断客户的车辆用途，初步判断客户的购买动机。例如，客户王先生想要购买一辆中型SUV，因为客户经常会在节假日带家人出去游玩，销售顾问可以初步判断王先生的购买动机为求实动机。

3. 询问购买角色

在确定了客户欲购买车型后，销售顾问需要进一步询问客户的购买角色，即到访客户对本次买车决定的作用。汽车客户的购买角色可以分为六大类：消费倡导者、消费决策者、消费影响者、购买决策者、购买者和使用者。最理想的汽车客户是一位客户集合六种角色，这种情况下销售顾问的接待工作最容易开展。如果购买角色分配在不同的到访客户身上，销售顾问需要进一步确定各个角色访客对购买车辆的意见，进一步判断客户的购买动机。

4. 找出购买重点

购买重点其实就是每一位客户所不同的那些隐性动机，是影响客户作出最终采购决定的重要因素。

例如，客户张先生来到某4S店中，想要购买某款车，对车的品牌、车型、级别、价格、性能等都非常满意，唯独对变速箱不满意，张先生想要购买手动挡的汽车，而本店中该款车的全系产品都没有手动挡。如果销售顾问不进一步地了解客户的隐性动机的话，该客户可能会流失。经过销售顾问进一步的询问，得知客户经常跑长途、跑山路，他认为手动挡汽车在上坡和下坡时更安全，其实张先生的购买重点是安全性。销售顾问在了解了客户的购买重点后，向其解释了自动挡汽车的安全优势和本车中配备的其他电子安全配置，帮助客户解决了顾虑，放心地购买此款车。

销售顾问在了解了客户的购买重点后，可以进一步地判断客户的购买动机，本案例中的张先生就是很明显的求实动机。

知识点二：顾客购车的心理模式

客户购买汽车的时长比较长，且比较复杂，一般客户在购买汽车的过程中心理上会经历

15个阶段。

（1）无动于衷阶段

（2）心有所动阶段

（3）想要购买阶段

（4）确定初步投资金额范围阶段

（5）收集资料阶段

（6）分析比较阶段

（7）找出问题阶段

（8）求证问题阶段

（9）再次确定投资目标范围阶段

（10）再次求证阶段

（11）确定选择标准阶段

（12）讨价还价阶段

（13）作出决策阶段

（14）满足阶段

（15）恢复平和心境阶段

分析顾客购买汽车的心理模式，明确客户所处的心理阶段，有利于销售顾问对客户进行有计划的跟进。

知识点三：汽车客户常见类型

按照客户的性格特点和购买行为特点，可以将购车客户分为9种类型，针对不同类型的汽车客户，销售顾问可以使用不同的应对措施。

（一）理智稳健型客户

该类型客户的特点为考虑问题冷静稳健，不容易被说服，对于汽车的微小细节会详细了解，对销售顾问的介绍并不是很专心，会边听边思考。

应对措施：销售顾问必须注意听取客户所说的每一句话，保持谦和有分寸的态度，绝对不能流露出迫不及待的样子，解说车辆性能和优惠活动时必须热情。

（二）优柔寡断型客户

该类型客户的特点为内心犹豫不决，不敢作决定，90%为第一次购车，自感经验不足，怕上当，经历浅薄，但自知缺乏判断力。

应对措施：销售顾问应该态度坚决而自信，想办法让客户放松，可以通过信而有征的公司业绩、品牌品质、服务保证赢得其对销售顾问的信任，可在适当的时机帮助客户作决定。

（三）自我吹嘘型客户

该类型客户的特点为比较自信，善言谈，喜欢发表言论。

应对措施：销售顾问应该让客户充分地发表言论，适时地给予肯定和赞美，让其有满足感。

（四）豪放果断型客户

该类型客户的特点为性格直爽，比较容易作决定，有决断力。

应对措施：销售顾问根据客户的真实需求，强调令其满意的配置和性能，引导其快速作决定，并做好记录和痕迹。

（五）喋喋不休型客户

该类型客户的特点为话比较多，一个话题可以引申出很多内容，也喜欢重复和发问。

*应对措施：*销售顾问要把握谈话节奏和谈话主题，不要跑题，也不要在一个问题上谈论太久。

（六）沉默寡言型客户

该类型客户的特点为做事谨慎，考虑问题常常有自己的一套，不轻易相信销售顾问说的话。

*应对措施：*销售顾问可以在讲车的同时，通过亲切的态度缩短双方的距离，通过多种话题，以求尽快发现其兴趣点，从而了解其真实需求。如果客户表现出厌烦，可以考虑让客户独自看车或看资料，在其需要时再进行介绍。

（七）吹毛求疵型客户

该类型客户的特点为喜欢就一些细节进行询问和质疑，对销售顾问提供的信息会产生怀疑。

*应对措施：*销售顾问可以提供有说服力的数据和证明材料，要表现出有耐心，切忌急躁和不耐烦。

（八）情感冲动型客户

该类型客户的特点为天性易激动，容易受外界怂恿与刺激，冲动起来会很快作出决定。

*应对措施：*销售顾问要不断地强调车型特色，可以促使其快速决定，经常重复关键的话题，介绍车辆过程中，要引导其进行亲自体验，强化印象。当客户不想购买时，要应对得体，以免该客户过激的言辞影响其他的客户。

（九）圆滑难缠型客户

该类型客户的特点为比较圆滑，说话含糊，不明说，提供信息有保留，交流起来比较困难。

*应对措施：*销售顾问要保持耐心，提问尽量具体，尽量用选择题进行提问，准备有说服力的证明材料，可以用优惠进行试探。

三、任务书

以小组为单位，学生进行分组练习，组内讨论，选取一名代表进行汇报。

任务描述：

客户李先生想要购买一辆代步用的汽车，其在购买过程中反复对比同一车系的两种不同配置的车型。在销售顾问报了价格，并说明了优惠活动后，李先生表示还要再和其他品牌对比看看。

*任务1：*请同学们分析李先生的购买动机，并说明理由。

*任务2：*请同学们分析李先生可能的客户类型，说明理由，并给出应对措施。

四、考核评价

（一）考核评价的组成及占比

由三部分组成，包括：组内评价（30%）、小组互评（30%）、教师评价（40%）。

（二）评价标准

① 熟练程度；

② 任务的完成情况;
③ 可行性。
成绩:A / B / C / D

五、任务小结

学习内容为项目四中的任务一:顾客购买动机分析。通过学习顾客购买动机、顾客购车的心理模式和汽车客户常见类型3个知识点,以及任务书的完成和评价,希望能够使同学们了解汽车顾客购买动机分析的内容和要点,准确地开展顾客购买动机分析。

任务二　需求分析方法

 教学目标

知识目标:
1. 了解需求分析的重要性;
2. 了解需求分析中提问的方法;
3. 了解需求分析中倾听的方法。

技能目标:
1. 熟练掌握需求分析中的提问方法;
2. 熟练掌握需求分析中的倾听方法;
3. 熟练使用需求分析话术。

素质目标:
1. 有较强的沟通交流能力;
2. 有很强的服务意识;
3. 对工作有持续的热情。

 教学重难点

教学重点:
1. 提问的方式和类型;
2. 倾听的方式。

教学难点:
1. 提问的技巧;
2. 倾听的技巧。

一、导入案例

案例描述:客户张先生来店咨询购车,张先生对欲购买的汽车目标不是很清楚。

提问：销售顾问该如何为客户推荐一款适合的汽车呢？
通过同学们的回答，引出需求分析的内容。

二、知识技能学习

【案例】 需求分析的重要性

冰山理论——显性与隐性

1895 年，心理学家弗洛伊德与布罗伊尔合作发表《歇斯底里研究》，弗洛伊德著名的"冰山理论"也就传布于世。在弗洛伊德的人格理论中，他认为人的心理分为超我、自我、本我三部分。超我往往是由道德判断、价值观等组成，本我是人的各种欲望，自我介于超我和本我之间，协调本我和超我，既不能违反社会道德约束又不能太压抑。与超我、自我、本我相对应的是他对人的心理结构的划分，基于这种划分他提出了人格的三我。他认为人的人格就像海面上的冰山一样，露出来的仅仅是一部分，即有意识的层面，剩下的绝大部分是处于无意识的，而这绝大部分在某种程度上决定着人的发展和行为。汽车客户的需求可以类比人格的划分，显性需求是比较容易获得的，通过简单的观察和提问就可以获得；隐性需求是比较隐蔽的，可能客户自己也不太清楚，需要销售顾问用提问和追问进行挖掘。而隐性需求就像海平面下的冰山一样，决定着客户的真实购买需求（见图 4-1）。

图 4-1 冰山理论对应客户需求的体现

知识点一：提问的方法

（一）提问的方式

了解客户的需求，销售顾问的提问方式大致有以下两种。

1. 开放式问题

此类型问题多用来收集客户信息，一般围绕着"5W2H"来提问。

5W： Who（谁购买？谁使用？）、When（什么时间购买？）、Where（在哪里使用？）、What（买什么样的汽车？）、Why（为什么购买？用途是什么？）

2H： How（选择哪一种付款方式？）、How much（购车预算是多少？）

2. 封闭式问题

此类型问题多用来确认客户信息。一般使用能不能/是不是/会不会？对吗？多久？等进行提问。

（二）问题的类型

需求分析问题的类型大致可以分为以下 7 种。

① 判断客户的资格。例如，买车是您自己开吗？

② 询问客户对系统或服务的需求。例如，安全、舒适和操控性，请按照您的重视程度进行排序。

③ 确定决策人。例如，您需不需要问一下您家人或朋友的意见呢？

④ 了解预算。例如，您这次买车的预算大概在什么区间呢？

⑤ 了解竞品。例如，您还关注过什么品牌？什么车型？

⑥ 了解时间期限。例如，您计划什么时候用车呢？

⑦ 促进成交，可以适时提出，注意时机的把握。例如，客户询问贷款手续的时候，或者客户表示对车很满意的时候。

（三）提问的技巧

销售顾问在对客户进行提问时，要注意提问技巧的使用，可以从以下四方面进行注意。

1. 使用前奏

需求分析时并不是一开始就直接问问题，可以适当地作一些说明和寒暄。

话术示范： 为了给您推荐一个最适合的购车方案，我需要对您的需求作一个分析，并进行记录，可以吗？

2. 适时使用反问

当销售顾问对客户提出的问题不知如何回答时，可以使用反问，来了解客户的真实想法。

话术示范： 张先生，您说我们车的空间小，是说哪里的空间小呢？

3. 适时沉默

当客户提出的问题较难回答时，销售顾问可以进行适当的思考，留出空白，保持沉默，进行缓解。

4. 一时间只问一个问题

销售顾问对客户提问时，忌多而乱，让客户对每个问题进行清晰的思考和回答。

知识点二：倾听的方法

听有 5 个层次。

① 听而不闻。

② 假装听，思路游离。

③ 有选择性地听。

④ 专注地听。

项目四　顾客需求分析

⑤ 积极倾听。

销售顾问在和客户交谈过程中应该是积极倾听，避免误解，让客户有受尊重的感觉。

（一）倾听的方式

销售顾问在和客户进行交谈时，要注意倾听的方式，有积极意义的倾听方式有助于需求分析的开展。倾听方式可以从以下5方面进行改进。

① 注意与客户的距离，保持安全距离。例如，和客户初次见面，落座于洽谈桌旁时，销售顾问和客户应该保持一个身位的距离。

② 倾听时可以配合一些动作。例如，眼睛和客户有对应，有微笑，身体前倾，一侧耳朵前倾等。

③ 对客户进行认同和鼓励。为了更顺畅地开展需求分析工作，销售顾问在倾听时需要认同客户的观点，可以使用语言或肢体语言进行认同。

话术示范：是的！对啊！您说得对！肢体语言示范：点头、微笑、记录等。

④ 有目的地获取信息和追问。销售顾问在向客户进行提问时，可以根据客户的回答进行追问，以获取想要得到的信息。例如，销售顾问询问客户目前使用的交通工具，客户回答是一辆三厢紧凑型轿车，这时候销售顾问就可以追问，追问客户本次是要换购还是增购，如果客户是换购，销售顾问可以继续追问客户换车的原因，因为客户换车就是客户本次购车的重点，也是销售顾问为客户推荐的车型必须满足的。

⑤ 用反问和总结来确认信息。和客户沟通过程中，销售顾问可以适当地运用反问和总结来确认获取信息的准确性。

话术示范：张先生，您是说您这次想要购买一辆安全性高、舒适性好的三厢中级轿车，对吗？

【案例】 一汽大众需求分析问题列表（见表4-1）

表4-1　一汽大众需求分析问题列表

询 问 需 求	总 　 结
1. 车是商务用途还是私人用途； 2. 看车经历； 3. 用车经历； 4. 您的预算是多少； 5. 您购车的确切时间； 6. 您是否对贷款感兴趣； 7. 您对配置有哪些要求，例如，天窗、倒车影像等； 8. 您是否有二手车需要置换； 9. 可选附件精品	1. 总结客户需求并确认，询问是否还有其他需求； 2. 提供不同车型的信息，包括车型、配置等； 3. 马上推荐了一款车型，并阐述了理由； 4. 给客户一些可以带走的宣传册； 5. 给客户一个现在有货的车型列表

（二）倾听的话术技巧

在整个需求分析过程中，销售顾问主要起引导的作用，引导客户提供需要的信息，客户为沟通中信息的主要提供者。因此，销售顾问在倾听过程中应该注意运用一些话术技巧，引导和鼓励客户分享信息，展开讨论。常用的话术技巧有以下四种。

① 引导展开技巧。例如，您可以进一步谈谈对……的看法吗？

② 引导澄清技巧。例如，您能否具体说明一下……

③ 重复确认技巧。例如，就是说您认为……，对吗？

④ 总结确认技巧。例如，我们总结一下您刚才说的……

配套表格：

本环节有一个配套表格："顾客需求评估表"（见表 4-2）。

（1）表格使用目的

用于销售顾问在与客户进行洽谈时了解客户需求时使用，协助销售人员，尤其是新进销售人员把握需求分析的主要方向；使销售人员能够充分利用与顾客交流的时间，尽可能多地了解客户需求。此表可以作为"客户信息卡"的有效补充。

（2）表格填写

销售顾问，单一客户一张表格。

表 4-2　顾客需求评估表

顾客需求评估表									
基本信息										
姓名			性别	□男　□女		顾客行为类型：	□主导型	□分析型	□社交型
联系电话			移动电话			E-mail:			
从事的行业		职业		驾龄		家庭情况：	□未婚	□已婚	□有孩
兴趣爱好									
保有车辆	□无								
品　牌			车　型				使用年份		排气量	
欲购置/更新车原因：								
客户（是□　否□）享受的购车政策：								
客户对保有车辆评价：								
车辆使用/停放环境：								
现在状况								
购车用途	□营运	□家庭	□商务	□公务		□特种		□其他	
购买者				使用者			决定者		
朋友/家人的意见								
购买预算：	万元		拟购数量：	辆		购买时间：		方式	□现金　□按揭
目前主要关注车型及评价：								
	车型							不满意之处	
1								
2								
3								
购车期望								
配备：	1. 动力配备		□1.6L	□1.8L		□手排	□自排		□其他
	2. 安全配备		□ABS	EBD		□双安全气囊	□倒车雷达		□其他
	3. 舒适配备		□天窗	□真皮		□铝圈	□音响	□遮阳帘	□其他
	4. 其他配备							
因素排序	价格适宜		造型美观	售后服务		安全性	发动机		油耗量
	空间适宜		装备优越	加速性能		操控性能	其他		
建议车型						建议原因			

(3）使用频率

每次与客户进行购车意向洽谈时填写，洽谈一位顾客填写一份。

拓展知识一：需求分析提问流程及话术示范

对需求分析的提问流程及话术示范进行总结，具体内容见图4-2。

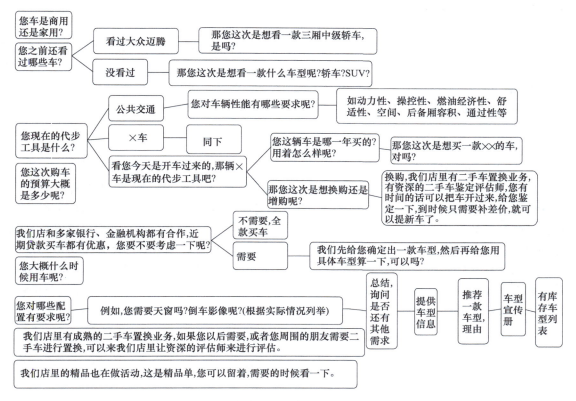

图4-2　需求分析提问流程及话术示范总结

拓展知识二：话术示范

对需求分析中5个主要工作内容进行分析和总结，进行话术示范。

1. 与客户适当寒暄

"×先生，外面天气很冷吧，这两天天气变化突然。来，我先给您倒一杯热茶，您先暖和一下。"

"今天天气很热呀，我们公司为您准备了免费的冷饮，欢迎您品尝一下。"

"×先生，您和家人一起过来看车呀，您真是一个顾家的好男人。今天是您选车，还是给您爱人看车呢？"

"这是您家小孩吧，天气热了，我们公司提供冷饮，先让小朋友消消暑吧。"

2. 了解客户工作和生活背景

"×先生，其实买车就是为了代步，您看家里主要是谁用车用得比较多呢？"

"买车可以扩大人们的生活半径，您买车主要是为上下班还是其他的用途？"

"购车时很多人考虑空间的使用，您家里一般出行是哪几位经常乘坐呢？"

"×先生，您平时休闲时间有什么爱好吗？"

3. 了解客户过去购车或车辆使用经历

"×先生，我看您今天过来开辆夏利，这款车您常开吗？怎么考虑换车了呢？"

"×先生，听您讲，您对车辆挺了解的，您之前还看过哪些品牌的产品呢？"

"×先生，看您刚才倒车很熟练，您一定是个老司机了，您的驾龄多少年了？开过什么车呀？"

4. 了解客户的未来用车计划

"您买车有什么样的打算呢，是准备买一款车长期用，还是准备先过渡一下？"

"您买车主要是谁开呢？"

"您打算什么时候用车呢？"

"您的购车预算是多少呢？"

"您买车主要是做什么用的呢？"

"您是打算全款还是分期购买？"

5. 分析和确认客户需求

×先生，您刚才说这款车主要是您爱人使用，用来接送孩子上下学，而您爱人又是刚刚拿到驾照，因为对她驾驶技术不放心，所以您对安全性能很看重，是吧？其实对新手来说，灵活简便的操作非常重要，不仅能让新手容易上手，而且操作便利也是安全驾驶的一个重要因素。自动挡的A车采用的爱信精机的变速箱，还带有雪地模式，全天候使用都很放心。而且多功能的方向盘在调整音响时还可以目不离路，避免了驾驶时的慌乱。更重要的是清晰的导航系统能为您驾驶提供正确的指引，一键到家，为您行驶节省了不少时间和路程。您看让您爱人驾驶这么方便的A车，您还有什么不放心的呀？

三、任务书

以小组为单位，小组成员分别扮演销售顾问和客户。

任务描述：

情境1：单身男青年李强，今年29岁，是一位信息公司的白领。工作很忙，每天加班到9点左右。平时喜欢看连续剧和电影。比较低调，月薪在10000元左右。父母都已经退休，都为李强的婚事着急。李强有一套80平方米的房子在北京五环外。周末休息，有时间去看车。购车方面注重经济性，并且关注家庭使用。

情境2：海归青年张明，今年32岁，高学历未婚。在房地产行业从事管理工作，收入不错。家里生活富裕，但是张明本人不希望依靠家人扶持。平时很忙没有时间看车。而且之前没有开过车，驾驶技术比较差。购车注重安全和质量方面。

情境3：年轻夫妇张超和李晶。两人结婚两年，有一个几个月大的小孩。为了上下班方便需要用车。男主人在4S店工作，也从事汽车销售，对车辆知识很懂，但是选车要求不高。想看自动挡的，家庭用两厢车。主要关注省油、质量、保养和价位。女主人是从事咨询行业，主要是做平面媒体工作，对于美观要求较高。家里养了很多宠物，平常喜欢出去郊游。

任务1：请使用需求分析当中提问和倾听的技巧，了解客户信息；

任务2：请帮客户确定出一款本品牌（各小组确定汽车品牌）适合的车型；

任务3：填写"顾客需求评估表"。

四、考核评价

（一）考核评价的组成及占比
由三部分组成，包括：组内评价（30%）、小组互评（30%）、教师评价（40%）。

（二）评价标准
① 熟练程度；
② 任务的完成情况；
③ 可行性。

成绩：A / B / C / D

五、任务小结

学习内容为项目四中的任务二：需求分析方法。通过学习提问的方法和倾听的方法2个知识点、1个案例和2个拓展知识，以及任务书的完成和评价，希望能够使同学们掌握需求分析的方法和技巧，高效地开展客户需求分析。

项目五 汽车产品介绍

 项目简介

  本项目主要介绍了展车设置，汽车产品介绍的方法和技巧，竞品分析的方法和注意事项。通过对产品介绍和竞品分析知识和技能的学习，可以帮助学生们培养良好职业技能和职业素质。

 教学环境

  汽车营销实训室：包括移动教室、电脑、投影仪、接待台、谈判桌、展车、汽车4S店展厅各功能区等。

 学习引导

  本项目学习可以采用以下顺序：
  导入案例——知识技能学习——任务书——考核评价——任务小结

任务一 展车设置

 教学目标

知识目标：
1. 能够正确说明展车设置的标准；
2. 能够正确说明展车摆放的外部技巧；

3. 能够正确说明展车摆放的内部技巧。

技能目标：

能够正确进行展车设置和摆放。

素质目标：

1. 有较强的沟通执行能力；
2. 有较强的理解判断能力；
3. 对工作有持续的热情。

教学重难点

教学重点：

展车摆放的内外部技巧。

教学难点：

展车的设置和摆放。

一、导入案例

案例描述：选取各小组所选汽车品牌当地的 3 家汽车经销店展厅的展车进行观察。

提问：各展厅展车的设置和摆放是否有规律可循？

通过同学们的回答，引出展车设置的内容。

二、知识技能学习

知识点一：展车设置标准

一般情况下，展车设置会按照各品牌汽车的展厅标准来实施，但各品牌又大致相同。展车设置主要有以下 3 个方面。

① 车型的选择要涵盖品牌所有层次的产品；

② 展车左右间距 2 米以上，展车前后距离 1 米以上；

③ 展车配置架放置在展车侧前方 45°，距车 1 米左右，并标注车辆配置和价格。

知识点二：展车摆放的外部技巧

展厅中的展车在摆放时，一般遵循以下 6 个外部技巧。

① 展车车身经过清洗、打蜡处理，保持清洁，挡风玻璃和车窗玻璃保持干净明亮；

② 展车四个轮胎下方放置车轮垫板，位置正确；

③ 轮胎经过清洗、上光，轮毂盖上的品牌标志与水平线对齐、摆正；

④ 车前方与后方均配备有标准的车辆铭牌；

⑤ 除特殊要求外，展车的车门保持不上锁的状态，可供客户随时进入车内；

⑥ 车身上不许摆放价格板。

知识点三：展车摆放的内部技巧

展厅中的展车在摆放时，一般遵循以下 13 个内部技巧。

① 汽车发动机室内部可见部分、可触及部位等经过清洗，擦拭干净；

② 后备厢保持干燥洁净，工具、使用手册等物品摆放整齐，无其他杂物；

③ 车厢内部保持清洁，除掉前后座椅、遮阳板、方向盘（包括后车灯）等部件上的塑料保护套；

④ 车门内饰板和迎宾踏板上的塑料保护膜可以保留，但必须保持清洁；

⑤ 中央扶手厢、车门内侧杂物厢、前座椅靠背后的物品袋内均不得放有杂物；
⑥ 前座椅在前后方向移至最后的位置，并且两座椅靠背向后的倾角保持一致；
⑦ 车内后视镜和左右后视镜配合驾驶位相应调至合适的位置，并擦拭干净，不留手印等污迹；
⑧ 各座椅上的安全带松开，并摆放整齐一致；
⑨ 车内碟盒中装有CD试音碟，可供随时播放，收音机预设已调好的收音频道；
⑩ 车内时钟调至准确的时间；
⑪ 车内地板上铺有车用脚踏垫，并保持干净整齐；
⑫ 车厢内不许有价格板、车辆目录、报刊等其他物品；
⑬ 车辆启动后，车内所有电器设备应置于关闭状态。

三、任务书

以小组为单位，学生进行分组练习，组内讨论，选取一名代表进行汇报。
任务描述：
各小组以本组汽车品牌经销店为对象，模拟展厅布局，画出展厅布局图，要求展厅中各主要功能区齐全。

四、考核评价

（一）考核评价的组成及占比

由三部分组成，包括：组内评价（30%）、小组互评（30%）、教师评价（40%）。

（二）评价标准

① 熟练程度；
② 任务的完成情况；
③ 可行性。
成绩：A / B / C / D

五、任务小结

学习内容为项目五中的任务一：展车设置。通过学习展车设置标准，展车摆放的外部技巧和内部技巧3个知识点，以及任务书的完成和评价，希望能够使同学们掌握展车设置的标准和摆放技巧，准确地进行展车设置。

任务二　汽车产品介绍方法

教学目标

知识目标：

1. 能够正确说明汽车六方位介绍法的使用方法；

项目五 汽车产品介绍

2.能够正确说明 FABE 法则的使用方法；
3.能够正确说明汽车产品介绍的技巧。
技能目标：
1.能够正确使用六方位介绍法进行汽车介绍；
2.能够正确使用 FABE 法则进行汽车介绍；
3.能够准确掌握汽车产品介绍的技巧。
素质目标：
1.有较强的沟通交流能力；
2.有较强的理解判断能力；
3.对工作有持续的热情。

教学重难点

教学重点：
1.六方位介绍法；
2.汽车产品介绍技巧。
教学难点：
FABE 法则。

一、导入案例

案例描述：某公司总经理石先生驾驶北京现代伊兰特三年了，打算换新车，朋友介绍了××车（各小组车型），今天特意到 4S 店来看车。

提问：您作为销售顾问，将从哪些方面为石先生进行车辆介绍呢？

通过同学们的回答，引出汽车产品介绍技巧。

二、知识技能学习

知识点一：六方位介绍法

六方位介绍法是一种帮助销售顾问整理车辆信息的方法，该方法通过将汽车的特点、性能、优势等分方位进行整理、介绍，让客户对汽车产品有一个全方位的了解。

目前，六方位介绍法在各汽车品牌中运用得很普遍，均分成 6 个区域进行产品介绍，但是各品牌又有所不同，主要是 6 个区域的划分不太一样，本书中使用的六方位介绍法遵循顺时针方向进行分区介绍。

（一）六方位具体位置

一号位：车辆前部；二号位：车辆侧部（副驾驶侧）；三号位：车辆后部；四号位：车辆后排（驾驶员侧）；五号位：车辆前排（驾驶员室）；六号位：发动机舱。六方位具体位置如图 5-1 所示。

（二）六方位介绍要点

各方位介绍要点的准备要领：六方位介绍法是销售顾问领着客户一边绕车一边介绍的一种方法，客户和销售顾问是同步出现在车辆的各个方位的，因此，各方位的介绍要点就是销售顾问和客户看到的车辆要点。

图 5-1 六方位具体位置

一号位：车辆前部（左前方 45°），如图 5-2 所示。

图 5-2 一号位

介绍要点：品牌 logo、品牌故事、车型获奖情况、前脸设计、前大灯、进气格栅、保险杠、雨刮器、前挡风玻璃、SUV 接近角（表示车辆通过性的一项指标）等。

二号位：车辆侧部（副驾驶侧），如图 5-3 所示。

图 5-3 二号位

介绍要点：车长尺寸、车高尺寸、车身设计、腰线、轮胎、车门、外后视镜等。

三号位：车辆后部，如图 5-4 所示。

项目五 汽车产品介绍

图 5-4 三号位

介绍要点：尾部设计、后组合尾灯、后视窗、倒车影像、倒车雷达、排气管、后备厢开启、后备厢容积、备胎、离去角（表示车辆通过性的一项指标）等。

四号位：车辆后排（驾驶员侧），如图 5-5 所示。

图 5-5 四号位

介绍要点：车宽和轴距尺寸、座椅材质、座椅包裹性、头部空间、腿部空间、悬架系统、儿童锁等。

五号位：车辆前排（驾驶员室），如图 5-6 所示。

图 5-6 五号位

介绍要点：座椅调节、方向盘调节、驾驶员视野、内外后视镜调节、多功能方向盘、仪表盘、中控台、空调控制、变速箱、车门总控、油箱盖开启、引擎盖开启等。

59

六号位： 发动机舱，如图 5-7 所示。

图 5-7　六号位

介绍要点： 发动机室的布局、发动机品牌、发动机型号、发动机各种性能、发动机安全设置等。

（三）六方位介绍注意事项

销售顾问在使用六方位介绍法对客户进行车辆介绍时，需要遵循以下 7 个注意事项。

① 每个方位的介绍要点较多，可以遵循由上到下、由左到右、由远到近的顺序进行介绍。

② 销售顾问在准备产品介绍时按照一号位到六号位进行准备，但是在给客户讲解时则按照客户的意愿方位进行讲解。例如，客户到车边时先走到了三号位，销售顾问即可从三号位进行讲解。

③ 在各个方位之间转移时，销售顾问要注意商务礼仪中引导手势的使用，并搭配话术"先生/女士，您到这边来看一下"。

④ 在车辆介绍过程中，二号位、四号位和五号位可视具体情况，邀请客户入座后进行讲解，增加客户体验。

⑤ 客户入座进行车辆体验时，销售顾问可以采用蹲姿或弯腰的姿势为客户进行讲解，客户如坐于驾驶室，销售顾问也可以请求是否可以入座副驾驶位进行讲解，销售顾问的视线切忌高于客户，不可让客户有被俯视的感觉，以增加客户的尊享体验。

⑥ 客户在进出车辆时，销售顾问可采用护头的手势或者语言提醒"先生/女士，注意头部"来防止客户头部碰到车门上沿，产生不愉悦感。

⑦ 车辆介绍过程中使用 6S 管理，每介绍完一个方位，销售顾问要对车辆进行还原，保证下一位客户对展车有良好的印象。

知识点二：FABE 法则

FABE 法则是一种话术方法，销售顾问使用 FABE 法则组织介绍产品性能的语言，可以增强语言的销售力。

（一）FABE 法则的内涵

① F（Feature）/ 特征：产品有什么样的特征；

② A（Advantage）/ 优点：产品具有什么样的优点；

③ B（Benefit）/ 利益：为顾客带来什么样的好处；

④ E（Evidence）/证据：可以证明给顾客带来的好处。

（二）FABE 法则的使用方法

销售顾问在使用 FABE 法则时可以用几个连接词进行语句的串联，例如，（因为）我们产品有这个特征，（所以）我们产品具有这个优点，（对您而言）就可以带来这样的好处，（例如），举例渲染，如图 5-8 所示。FABE 法则视情况可简化为 FAB 使用。

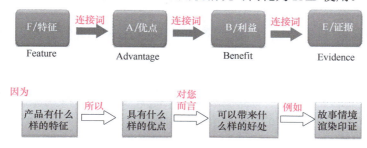

图 5-8　FABE 法则的使用方法

【案例】 FABE 法则使用示例

1. 随动转向大灯

因为我们车上安装有随动转向大灯，所以您驾车在夜间行驶的时候大灯会随着您的行驶方向发生转向，大灯的照射方向和您的行车方向保持一致，没有照射盲区，对您而言，就大大地提高了夜间行车的安全性，现在的车辆夜间行驶的安全性有很大的提高就是和这个车辆配置有很大的关系。

2. 电动感应式雨刮器

因为我们车上的雨刮器是电动感应式雨刮器，所以您驾车过程中遇到雨雪天气时雨刮器会自动开启，并且根据雨雪大小调节雨刮速度，当雨雪停止时雨刮器也会自动停止工作，对您而言，就省去了手动开启、关闭和调节雨刮器的动作，可以专心路况和开车，大大提高了雨雪天气时行车的安全性。

知识点三：汽车产品介绍的其他方法

（一）构图讲解法

构图讲解法是指在车辆介绍的过程中，销售顾问给客户构制一个画面，引导客户进行虚拟感受，增加客户的体验感，让客户对车辆的某个性能产生好感。

构图讲解法可以在汽车产品介绍环节和试乘试驾环节中使用。

产品介绍时，例如，某车辆的音响效果比较好，销售顾问可以使用构图讲解法进行介绍。

话术示范：先生，这款车上的音响效果特别好，环绕立体音效，可以媲美演唱会现场，现在市区开车堵车的时候比较多，您想象一下，如果您开车时遇到堵车，打开音响，听听音乐，烦恼的情绪会缓解很多，您说对吗？

试乘试驾时，例如，某车辆安装有 GPS 导航系统，销售顾问可以使用构图讲解法进行介绍。

话术示范：先生，这款车安装有 GPS 导航系统，买车后您的出行半径会大很多，难免会到一些陌生的地方，这时候您使用导航系统就可以免去不熟悉路线的烦恼了。

（二）道具演示法

道具演示法是指销售顾问使用一些辅助性工具进行车辆介绍，帮助客户对汽车产品进行了解。道具可以根据介绍的性能进行选择，可以是香烟、手表、带拉链的上衣等。

例如，想凸显发动机工作时震动小，销售顾问可以将香烟立于引擎盖上，观察香烟会不会倒下来进行辅助证明。

例如，想凸显车辆隔音效果好，销售顾问可以关上车门，引导客户听车内只有手表时针走动的声音来进行辅助证明。

知识点四：汽车产品介绍的技巧

销售顾问对客户进行车辆介绍时可以使用一些技巧来提高介绍的效果，增加客户的满意度。汽车产品介绍时有以下 8 个常用技巧。

（1）有针对性地概括产品的特征

销售顾问可以将汽车产品的特征概括为六个方面：外形设计、动力性与操控性、舒适实用性、安全性能、先进科技及性价比。

（2）让顾客有优越感

（3）有多组客户看车时，由其他销售顾问协助

（4）从客户最关心的部分和配备开始说明，介绍过程当中话术通俗易懂，并运用 FABE 话术技巧

销售顾问在进行汽车产品介绍时，并不是必须从一号位开始讲解，也不是将六方位的所有介绍要点一一进行介绍，而是从客户最关心的部分和配备开始说明，对客户关注的性能和配置进行重点讲解。例如：在需求分析时，客户表明本次购车对车辆的安全性和舒适性要求较高，而且在意车辆是否有全景天窗。那么，销售顾问在对该客户进行产品介绍时就可以从天窗开始讲解，并且整个介绍过程侧重安全性和舒适性的讲解，让客户对车型感到满意，进而才有可能产生购买行为。

（5）将车辆性能特征与顾客的需求和爱好联系起来

例如，在需求分析时，客户有提到自己休闲时间喜欢钓鱼。销售顾问在给客户介绍后备厢的时候可以这么说："×先生，我们这款车的行李厢容积有 516L，比同级别的大部分车的行李厢容积都大，可以满足您日常的需求，您去钓鱼时放您的渔具是完全够用的。"

（6）让客户动手触摸或操作有关配备，让客户体验相关亮点

例如：在讲解到车门的安全性时，可以鼓励客户手动拉开车门，然后引导客户感受车门的厚重；又如：在讲解感应后备厢时，可以鼓励客户用脚在后备厢下进行感应，亲自体验感应后备厢的开启便捷性。

（7）帮助客户总结关注的配置和亮点

话术示范："×先生/女士，您之前提到您对车的动力性、舒适性和安全性要求较高，且车辆一定要配有倒车影像系统，我们这款车主打的就是动力性、舒适性和安全性，而且为您推荐的这款 330TSI DSG 尊贵型是标配倒车影像系统的，完全符合您的需求。"

（8）介绍产品时，主动邀请客户进行试乘试驾环节

话术示范："×先生/女士，我们这辆车的前悬架是麦弗逊式独立悬架，后悬架是多连杆独立悬架，车辆的舒适性是非常好的，我们展厅内静态展示车辆您是感受不到的，我可以为您预约试乘试驾，让您可以动态地体验我们产品的性能，您看可以吗？"

知识点五：洽谈桌旁产品介绍工作标准

引导客户落座于洽谈桌旁进行产品介绍时，销售顾问可以遵循以下 5 项工作标准。

① 引导客户入座，并提供饮料和续杯服务；

项目五　汽车产品介绍

② 充分利用车辆目录、小册子和销售工具夹内的产品数据辅助说明，并确认客户的购车关注点，在车辆目录上注明重点说明的配置；

③ 运用电子设备为客户展示动态车辆宣传资料；

④ 客户离开时，提醒客户带走车辆目录，并附上销售顾问名片；

⑤ 待客户离开展厅后及时整理洽谈区和清洁展车。

三、任务书

以小组为单位，学生进行分组练习，组内讨论和整理车型资料。

任务描述：

以各小组所选车型为介绍车型。

任务1：各小组在六个方位各选取三个车辆特征，进行FABE法则练习。

任务2：各小组选取一名销售顾问和一名客户进行六方位车辆介绍，使用任务1中形成的FABE话术进行介绍。

四、考核评价

（一）考核评价的组成及占比

由三部分组成，包括：组内评价（30%）、小组互评（30%）、教师评价（40%）。

（二）评价标准

① 熟练程度；

② 任务的完成情况；

③ 可行性。

成绩： A ／ B ／ C ／ D

五、任务小结

学习内容为项目五中的任务二：汽车产品介绍方法。通过学习六方位介绍法、FABE法则、汽车产品介绍的其他方法、汽车产品介绍的技巧和洽谈桌旁产品介绍工作标准5个知识点和1个案例，以及任务书的完成和评价，希望能够使同学们掌握汽车产品介绍的方法，准确地开展汽车产品介绍。

任务三　竞品分析

 教学目标

知识目标：

1. 能够正确说明竞品分析的注意事项；
2. 能够正确说明竞品对比处理的方法；
3. 能够正确说明竞品分析方法。

汽车销售技巧

技能目标：
1. 能够在竞品分析过程中遵守注意事项；
2. 能够使用竞品对比处理的方法进行竞品对比应对；
3. 能够使用竞品分析方法进行竞品分析。

素质目标：
1. 有较强的沟通交流能力；
2. 有较强的理解判断能力；
3. 对工作有持续的热情。

教学重难点

教学重点：
竞品对比处理的方法。

教学难点：
能够掌握竞品分析的方法。

一、导入案例

案例描述：客户王先生到一汽大众 4S 店看车，中意的车型为迈腾，王先生之前也有看过本田雅阁，想在两款车中选择一款进行购买。

提问：您作为一汽大众 4S 店的销售顾问，当客户提及雅阁时，您会如何应对呢？

通过同学们的回答，引出竞品分析的内容。

二、知识技能学习

知识点一：竞品分析的注意事项

销售顾问帮助客户进行竞品分析时，应该遵循以下 5 点注意事项。

① 客观地说明车辆的配置；
② 不夸大事实，不恶意贬低竞品；
③ 适当提及竞品，重点强调本企业产品；
④ 结合反问技术，了解客户为什么喜欢竞品的车型；
⑤ 善于利用转折法，先肯定对方，然后通过介绍突出自己产品的优势。

知识点二：竞品对比处理的方法

销售顾问进行竞品对比处理时，常用到的方法有以下 3 种。

（1）预防法

预防法，即预防可能出现的异议。

销售顾问要熟悉本品牌产品和主要竞品的对比信息，对于一些弱于竞品的配置和项目要提前想好应对话术。

（2）转移法

转移法，即承认竞争对手的优势，积极地用自己产品的优势来补偿。

当本产品某项确实弱于竞品时，销售顾问首先要承认竞品的优势，然后结合客户的真实需要，用本产品的优势来进行补偿。

话术示范："张先生，您说得对，我们产品的排量是比 × 车的排量小，但是，您刚才也有提到您的车主要是在市区开，市区开车红绿灯多、堵车情况多，所以您不太需要大排量的车拉高速，而且小一点排量的车油耗会低很多，我们这款车更适合您用呢！"

（3）递延法

递延法，即延缓不便于回答的竞品对比，向客户表示已经注意到了，不影响产品的正常使用。

例如，客户提到本车型的A柱过宽，且A柱角度遮挡驾驶者视线。

话术示范："李女士，您说得是，我们车的A柱是比有的车型宽一些，有点遮挡视线，但是并不影响正常使用，请您放心。"

知识点三：竞品分析的方法

销售顾问在进行汽车竞品分析时，常用的分析方法为SWOT分析法。SWOT分析法，即对比竞品和外部环境，发现本产品的S（Strengths）优势、W（Weaknesses）劣势、O（Opportunities）机会和T（Threats）威胁，然后进行分析和应对。

使用SWOT分析法进行竞品分析，可以分四步完成。

1. 分析优势和劣势（S/W）

将本产品和某一竞品的销售要点一一进行分析，找出本产品的相对优势和相对劣势，相对优势即为本产品相对该竞品的优点，相对劣势即为竞品对本产品的攻击点。

2. 分析机会和威胁（O/T）

分析目前我们产品面对的六大类外部环境，找出本产品的机会和威胁，机会即为本产品相对该竞品的优点，威胁即为竞品对本产品的攻击点。

3. 提供证据

销售顾问要准备有力的证据进行证明，证据包括：获奖证书、专利证书、权威证书、顾客评价、邀请进行试乘试驾等。

4. 准备应对措施

对于竞品对本产品的每一个攻击点，销售顾问应该提前想好应对措施和话术。

如表5-1所示，将所有信息填入表格，即可完成本产品相对一个竞品的对比分析。

表5-1 竞品分析SWOT分析表

产品销售要点	优势	劣势	外部环境	机会	威胁	证据或演示对比实物
设计、开发			经济			
原料、材质						
技术、专利			人口			
性能、用途						
安全、耐用			技术			
操作、使用、保养						
经济型、价格、折扣			行业政策			
色彩						
时尚、流行			法律			
包装、商标、形象						
促销活动、赠品			社会文化			
售后服务、品质保障						
归纳为本产品优点						
竞品对本产品的攻击点						
应对措施						

三、任务书

以小组为单位，学生进行分组练习，选派一名代表进行汇报。

任务描述：

各小组同学以本小组所选车型为对象，选取一款竞争车型。

任务1： 使用SWOT分析法进行竞品对比分析；

任务2： 完成SWOT分析表的填写；

任务3： 选取一项竞品对本产品的攻击点，进行应对话术练习。

四、考核评价

（一）考核评价的组成及占比

由三部分组成，包括：组内评价（30%）、小组互评（30%）、教师评价（40%）。

（二）评价标准

① 熟练程度；

② 任务的完成情况；

③ 可行性。

成绩： A ／ B ／ C ／ D

五、任务小结

学习内容为项目五中的任务三：竞品分析。通过学习竞品分析的注意事项、竞品对比处理的方法和竞品分析的方法3个知识点，以及任务书的完成和评价，希望能够使同学们掌握竞品分析的注意事项、竞品对比处理的方法和竞品分析的方法，恰当地开展竞品分析。

项目六 试乘试驾

 项目简介

本项目主要介绍了试乘试驾的准备,试乘试驾的流程、方法和工作标准。通过对试乘试驾知识和技能的学习,可以帮助学生们培养良好职业技能和职业素质。

 教学环境

汽车营销实训室:包括移动教室、电脑、投影仪、接待台、谈判桌、展车、汽车4S店展厅各功能区等。

 学习引导

本项目学习可以采用以下顺序:
导入案例——知识技能学习——任务书——考核评价——任务小结

任务一 试乘试驾准备

 教学目标

知识目标:
1. 能够正确说明试乘试驾车的设置标准;
2. 能够正确说明试乘试驾路线的设置要求。

技能目标：
1. 能够正确进行试乘试驾车的设置；
2. 能够正确进行试乘试驾路线的设置。

素质目标：
1. 有较强的沟通执行能力；
2. 有较强的理解判断能力；
3. 对工作有持续的热情。

教学重难点

教学重点：
试乘试驾车的设置。

教学难点：
试乘试驾路线的设置。

一、导入案例

案例描述：客户张先生预约试乘试驾。

提问：4S 店应该做好哪些准备工作，才能确保试乘试驾的顺利开展呢？

通过同学们的回答，引出试乘试驾准备的内容。

二、知识技能学习

知识点一：试乘试驾车的设置

一般情况下，试乘试驾车设置按照各品牌试乘试驾车标准实施，但各品牌又大致相同，主要有以下 5 个方面。

① 试乘试驾车专车专用；

② 试乘试驾车由专人负责，定期检查试乘试驾车，保证车况良好；

③ 试乘试驾车停放于专用停车区，每天白天清洗，下班时间将车辆停放整齐，回收钥匙并由专人保管；

④ 试乘试驾车证照齐全，并有保险；

⑤ 试乘试驾路线设定合理，保证试乘试驾效果。

某品牌试乘试驾车的准备标准如表 6-1 所示。

表 6-1　试乘试驾车标准

项目	车辆准备标准	项目	车辆准备标准
1	车辆证照保险齐全	7	车辆仪表指示正常
2	车辆干净整洁	8	车辆收音机储存电台频道
3	车辆有半箱以上汽油	9	车上有 CD，并有三种以上音乐
4	车辆轮胎正常	10	车辆公里数在规定范围内
5	车辆灯光正常	11	车辆按时保养
6	车辆雨刮器正常	12	车上有瓶装水供客户使用

知识点二：试乘试驾路线的设置

试乘试驾是客户对车辆的动态体验，试乘试驾体验的好坏很大程度上决定着客户是否会购买汽车，因此，各大汽车品牌对试乘试驾环节非常重视。试乘试驾路线是客户进行试乘试驾的场地，很大程度上影响着客户的车辆动态体验，因此，科学的试乘试驾路线设置尤为重要。

（一）试乘试驾路线设计和车辆性能的关系

试乘试驾路线在设计时应该本着凸显产品性能和优势进行设计，试乘试驾路线设计和车辆性能的关系主要体现在以下6个方面。

① 允许加速至最高车速的直线路段，可以体现车辆加速性能；
② 急转弯和缓和转弯路段，可以体现车辆操纵性能；
③ 颠簸路面，可以体现车辆安静性和行驶舒适性；
④ 停车场内或可以停车的路边，可以体现车辆驻车性能；
⑤ 能够安全地进行紧急制动的开阔场地，可以体现车辆防抱死制动性能；
⑥ 上坡和下坡道路，可以体现车辆自动变速箱的性能。

（二）试乘试驾路线设置要求

图6-1所示是一个完整的试乘试驾路线图。具体的设置要求为：

① 处至少有100米的直线车道，可以体验车辆起步；
②、⑤处为较直的延续车道，不可有急弯，可以体验车辆的加速性能；
③、④处应有各种大小曲度不同的连续弯道，可以体验车辆的转向控制性能；
⑥处应为800米至2000米直线道路，可以体验车辆拉高速时的动力性，且保证车速可以提升至高速；
⑦处为长度大于120米的直线道路，以保证可以完成车辆高速时做刹车测试安全性的体验；
⑧处为较粗糙的路面，如碎石小路、颠簸路面等，可以体验车辆的舒适性。

试乘试驾路线在设置时，应该按照以上8项要求进行设置，路况的前后顺序不作硬性要求，可以完成车辆性能体验即可。

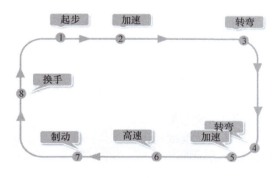

图6-1 试乘试驾路线图

三、任务书

以小组为单位，学生进行分组练习，组内讨论，选取一名代表进行汇报。

任务描述：
对各小组所选车型进行试乘试驾路线设置。
任务 1：分析车辆性能，选择适合路况。
任务 2：各小组提供试乘试驾路线方案。

四、考核评价

（一）考核评价的组成及占比
由三部分组成，包括：组内评价（30%）、小组互评（30%）、教师评价（40%）。
（二）评价标准
① 熟练程度；
② 任务的完成情况；
③ 可行性。
成绩：A ／ B ／ C ／ D

五、任务小结

学习内容为项目六中的任务一：试乘试驾准备。通过学习试乘试驾车的设置和试乘试驾路线的设置 2 个知识点，以及任务书的完成和评价，希望能够使同学们掌握试乘试驾车和路线的设置方法，准确地进行试乘试驾准备。

任务二　试乘试驾流程

 教学目标

知识目标：
1. 能够正确说明试乘试驾流程；
2. 能够正确说明试乘试驾前的工作标准；
3. 能够正确说明试乘试驾中使用的方法。

技能目标：
1. 能够带领客户体验完整的试乘试驾流程；
2. 能够正确使用工作标准开展试乘试驾；
3. 能够正确使用话术开展试乘试驾；
4. 能够准确使用试乘试驾的流程方法和话术方法。

素质目标：
1. 有较强的沟通交流能力；
2. 有较强的理解判断能力；
3. 对工作有持续的热情。

项目六 试乘试驾

 教学重难点

教学重点：
1. 试乘试驾的全流程；
2. 试乘试驾的工作标准。

教学难点：
试乘试驾流程方法和话术方法的应用。

一、导入案例

案例描述：客户张先生马上要进行试乘试驾。
提问：您作为带领张先生试乘试驾的销售顾问，大致的工作流程是什么？
通过同学们的回答，引出试乘试驾的流程。

二、知识技能学习

知识点一：试乘试驾流程

图 6-2 所示是一个完整的试乘试驾流程。销售顾问在展厅中为客户完成车辆的静态介绍后，如果客户对车辆是满意的，销售顾问就可以引导客户进行试乘试驾了。当销售顾问为客户预约好试乘试驾后，就要开始着手做试乘试驾的准备工作，然后等待客户到店，陪同客户进行试乘试驾。试乘试驾结束后询问客户对车辆是否满意，如果客户满意就进入下一个工作流程——洽谈成交，如果客户不满意，销售顾问就可以根据客户需求向其展示其他车型。

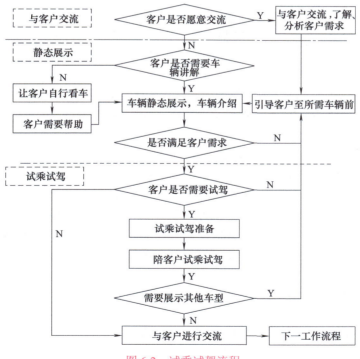

图 6-2 试乘试驾流程

知识点二：试乘试驾前工作介绍

（一）试乘试驾前工作标准

销售顾问在带领客户进行试乘试驾前，应该遵循以下 10 个工作标准进行工作。

71

汽车销售技巧

① 积极邀请客户进行试乘试驾；
② 根据客户关注的车型安排试乘试驾体验车型；
③ 对有意向但当天无法进行的客户预约下次试乘试驾时间；
④ 展厅显眼处设置"欢迎免费参加试乘试驾"的指示牌；
⑤ 试乘试驾流程明确，有流程说明工具；
⑥ 试乘试驾路线明确，有多种试乘试驾路线，根据车型选择路线，有路线说明工具；
⑦ 试乘试驾前向客户作概述说明；
⑧ 确认客户驾照信息，留取复印文件，并请客户签署相关试车安全协议；
⑨ 试车前简要说明车辆的主要配备和操作方法；
⑩ 销售顾问提前调整好车内温度。

（二）试乘试驾前话术示范
根据试乘试驾前的工作内容，以下选取主要环节的话术进行示范。
（1）积极邀请客户进行试乘试驾
×先生，您提到很在意驾驶的灵活性，您今天如果有空，我希望能陪您进行试驾，您看怎么样？
×先生，您说过您喜欢 polo 的动力性，对我们车的动力性还不是很了解。您今天在这里试乘试驾一下，亲自比较比较。
您请在这里稍等一下，我去确认一下现在是否有其他的客户正在试驾。您先喝点饮料准备一下。
（2）对有意向但当天无法进行的客户预约下次试乘试驾时间
×先生，不好意思，刚好现在有另一位客户正在试驾您关注的那款车，大概还需要25分钟左右，如果您不介意，我陪您在这里等一下。如果您今天时间比较紧，我也希望能够预约您改日再过来试驾。您看怎么样？
×先生，我知道您远道而来，但今天真是对不起了，因为……我们无法提供试乘试驾体验。不知道您下次什么时候方便再过来，我提前为您准备好车辆，保证让您好好体验一下我们的车辆性能。
（3）试乘试驾路线明确，有路线说明工具
这是我们的试乘试驾路线。这里是我们经销店的位置，我们从这里出发，首先由我来开，您感受一下乘坐的舒适性；接着在这个位置换您驾驶，您将先经历一段简单的市区交通路况，您可以在这段路上熟悉车辆，试试方向盘、油门、刹车、挡位；然后，我们将继续开到高速公路上，在高速公路上有机会体验发动机性能……这条试乘试驾路线已经被输入在导航系统中，上车后，您可以先熟悉一下导航系统，这样在驾驶的过程中您就能体验到它的便捷和强大功能了。
您放心，全程由我来陪同您，并告诉您驾驶的方向。由于是正式公路驾驶，请您遵守交通法规，并注意车速。
（4）试车前简要说明车辆的主要配备和操作方法
×先生，请您坐到驾驶座上。首先请您调节座椅，通过侧面的调节开关，然后您可以调节外后视镜，使视野最大化……

知识点三：试乘试驾时工作介绍
（一）试乘试驾时工作标准
销售顾问在带领客户进行试乘试驾时，应该遵循以下11个工作标准进行工作。

① 确认车上所有人员正确系好安全带；
② 销售顾问将车辆驶出专用停车区域；
③ 示范驾驶时，依车辆行驶状态进行动态说明；
④ 经销店有统一的试车方法与介绍话术；
⑤ 在预定的安全地点换手；
⑥ 先熄火拔出钥匙，再从车身后方与客户互换位置；
⑦ 换手时提醒安全事项，指导客户调整座椅和后视镜，并要求控制车速；
⑧ 再次提醒客户安全驾驶事项，并要求客户系好安全带；
⑨ 将钥匙交给客户，并指导发动车辆；
⑩ 车内需要准备不同种类的音乐光盘供客户选择，试听音响系统；
⑪ 让客户自己体验车辆性能，销售顾问提醒体验重点。

（二）试乘试驾时话术示范
根据试乘试驾时的工作内容，选取主要环节的话术进行示范。
（1）销售顾问将车辆驶出专用停车区域
×先生，我很高兴与您分享这次驾驶体验。首先由我来驾驶，让您可以熟悉车辆并体验性能，请您和您的家人系好安全带，我们要出发了。您刚才提到您对发动机性能特别感兴趣，所以请您注意车辆的起步性能……请让我为您演示空调和音响系统，我会开慢一些，如果您有任何问题，可以随时问我。

（2）让客户自己体验车辆性能，销售顾问提醒体验重点
×先生，您现在可以驾驶这辆车并体验这辆车的性能，我会事先向您说明路线方向……这是车辆钥匙，请您先发动车辆。我们首先尝试一下起步性能，请您把挡位挂到 D 挡，并深踩油门，您感觉加速怎么样？接下来您来体验一下制动性能……

知识点四：试乘试驾后工作介绍
（一）试乘试驾后工作标准
销售顾问在带领客户进行试乘试驾后，应该遵循以下 3 个工作标准进行工作。
① 引导客户回展厅（洽谈区），总结试乘试驾体验，并填写"试乘试驾反馈表"；
② 适时主动询问客户的订购意向；
③ 在"意向客户管理卡"上注明客户的驾驶特性和关注点。

（二）试乘试驾后话术示范
根据试乘试驾后的工作内容，选取主要环节的话术进行示范。
（1）引导客户回展厅（洽谈区），总结试乘试驾体验，并填写"试乘试驾反馈表"
×先生，您对这款车还算满意吧？哪些地方您觉得很喜欢呢？
刚才和您的交谈中，看得出您对车辆加速和导航系统的便捷性还是比较满意的，这辆车似乎非常适合您。您觉得呢？
（2）适时主动询问客户的订购意向
×先生，如果价格合适的话，您今天准备订购一款什么颜色的呢？

知识点五：试乘试驾方法
（一）流程方法
试乘试驾过程中常用的流程方法为：IDEA 法。
I 即 Impress，意为留下印象，应该给潜在客户留下印象，使其兴奋；

D 即 Driving，意为驾驶，驾驶体验应该对他们产生直接的影响；

E 即 Experience，意为体验，试乘试驾过程中应该让客户有车辆体验和情感体验；

A 即 Ask，意为询问，试乘试驾后销售顾问应该询问客户的购买意向，并进行购买确认。

（二）话术方法

试乘试驾过程中使用的话术方法为：FABE 法。

FABE 法的使用方法在产品介绍环节中有过学习，在这里主要讲解如何把 FABE 法运用在试乘试驾的过程中。

【案例】 话术示范

话术示范 1

道路状况：平直道路

车辆性能：加速性能

展示目的：让客户体验全新迈腾的加速性能和加速时的舒适性。

话术：现在我们一起体验全新迈腾原地起步加速能力，这个项目是测试一部车的动力性能和加速平顺性的最好方式，全新迈腾采用 2.0TSI+DSG 变速器动力，动力输出让我们有明显的推背感，并且在加速的过程中根本感觉不到换挡，非常平顺，同时，您也可以感受到座椅的优异包裹性能。

话术示范 2

道路状况：转弯道路

车辆性能：转向控制性能

展示目的：让客户体验全新迈腾在转弯时的抗侧倾能力和转向控制的精确度。

话术：开全新迈腾过弯会变成一种很享受的驾驶乐趣，全新迈腾拥有 EPS 和 ESP，在进弯、过弯和出弯的时候都非常准确和干净利索，同时全新迈腾的四轮独立悬架有着非常好的操控稳定性，优化 PQ46 柔性后轴加铝副车架保证了您优异的驾乘感受，同时，座椅侧面包裹效果也非常好，我们并不感觉有多大晃动。

话术示范 3

道路状况：颠簸道路

车辆性能：悬架性能、舒适性能

展示目的：让客户体验全新迈腾在通过不平路面时乘坐舒适性及方向稳定性。

话术：全新迈腾的悬架采用久负盛名的四轮独立悬架系统，全部升级为柔性后轴和铝副车架，并进行了精心调校，能很好地兼顾高速剧烈行驶的操控稳定性和通过这种坏路的舒适性，方向盘几乎不抖动，方向非常稳定。

配套表格：

本环节有两个配套表格："试乘试驾协议""试乘试驾反馈表"。

1. 试乘试驾协议（见表 6-2）

（1）协议使用目的

"试乘试驾协议"用于试乘试驾前与客户签订的相关责任协议，以避免后续出现问题，产生摩擦。

（2）表格填写

销售服务店销售顾问、客户填写。

项目六　试乘试驾

表 6-2　试乘试驾协议

试乘试驾协议

车辆提供

试乘试驾车型　　　　牌照

试乘试驾路线　　　　试乘试驾时间

顾客姓名　　　身份证号

电话（手机）　　　地址

_____（销售服务店）：

　　本人保证在本次试乘试驾过程中，严格遵守一切交通法律法规以及贵公司的安排和规定。注意行车安全，文明驾驶，确保行人和车辆安全。否则，本人愿意独自承担由此所造成的一切经济损失和法律责任。

试乘试驾人员（签名）：_____

销售顾问（签名）：_____

日期：_____

附：保证人驾驶证复印件（请复印于本表背面）

　　试乘试驾工作完毕后，"试乘试驾协议"附加在"意向客户跟进表"后。
（3）使用频率
客户试乘试驾前填写，一位客户填写一份。
2. 试乘试驾反馈表（见表 6-3）

表 6-3　试乘试驾反馈表

试乘试驾反馈表			
客户姓名		性别	
驾照类型		驾龄	
车型		销售顾问	
试驾时间		试车人员	
试乘/试驾意见反馈			
意见反馈项目	不满意	基本满意	很满意
1. 您对试乘/试驾车的车况和清洁程度是否满意			
2. 您对试乘/试驾路线的长度和试驾时间是否满意			
3. 您对销售顾问的试乘/试驾服务是否满意			
4. 您对试乘/试驾车动力表现是否满意			
5. 您对试乘/试驾车的操控性能是否满意			
6. 您对试乘/试驾车的制动性能是否满意			
7. 您对试乘/试驾车的舒适性能是否满意			
8. 您对试乘/试驾车的综合评价是否满意			
请您在这里写下您对本次试乘/试驾的感受、意见或建议：			
您认为本次试乘/试驾对您决定购买这辆汽车是否有很大的影响作用		是	否

（1）表格使用目的

"试乘试驾反馈表"用于试乘试驾后销售顾问对客户试乘试驾体验的跟踪，在客户对车辆动态体验印象强烈的时候询问其对车辆的满意度，有助于促进成交。

（2）表格填写

销售服务店销售顾问、客户填写。

试乘试驾工作完毕后，将"试乘试驾反馈表"附在"意向客户跟进表"后。

（3）使用频率

客户试乘试驾后填写，一位客户填写一份。

拓展知识：试乘试驾流程总结

对试乘试驾环节的工作内容按照流程进行总结，如表6-4所示。

表6-4　试乘试驾流程总结

流程	工作内容
"试乘试驾"前	1. 发出邀约； 2. 讲解线路和注意事项； 3. 顾客证件复印存档； 4. "试乘试驾协议"签字确认
"试乘试驾"时	1. 换手； 2. 注意事项； 3. 动态讲解
"试乘试驾"后	总结试乘试驾体验，填写"试乘试驾反馈表"

三、任务书

以小组为单位，学生进行分组练习，组内讨论和整理试乘试驾资料，选取两名代表分别扮演销售顾问和客户进行试乘试驾练习。

任务描述：

以各小组所选车型为试乘试驾车型，进行试乘试驾流程练习。

任务1：按照试乘试驾流程进行实训练习，参照表6-4试乘试驾流程总结；

任务2："试乘试驾"前"2.讲解线路"部分使用各小组项目六任务一任务书中的试乘试驾路线方案；

任务3："试乘试驾"时"3.动态讲解"部分参考各小组项目六任务一任务书中的试乘试驾路线方案，针对不同路况，进行小组车辆的动态介绍话术练习；

任务4：填写"试乘试驾协议"和"试乘试驾反馈表"。

四、考核评价

（一）考核评价的组成及占比

由三部分组成，包括：组内评价（30%）、小组互评（30%）、教师评价（40%）。

（二）评价标准

① 熟练程度；

② 任务的完成情况；

③ 可行性。

成绩：A / B / C / D

五、任务小结

学习内容为项目六中的任务二：试乘试驾流程。通过学习试乘试驾流程，试乘试驾前、试乘试驾时、试乘试驾后工作标准、话术和试乘试驾方法 5 个知识点、1 个案例和 1 个拓展知识，以及任务书的完成和评价，希望能够使同学们掌握试乘试驾的工作内容，准确地开展试乘试驾工作。

项目七 潜在客户跟踪

 项目简介 ▶▶▶

　　本项目主要介绍了潜在客户（潜客）跟踪前、中、后的工作内容、方法和技巧。通过对潜客跟踪知识和技能的学习，可以帮助学生们培养良好职业技能和职业素质。

 教学环境 ▶▶▶

　　汽车营销实训室：包括移动教室、电脑、投影仪、接待台、谈判桌、展车、汽车4S店展厅各功能区等。

 学习引导 ▶▶▶

　　本项目学习可以采用以下顺序：
　　导入案例——知识技能学习——任务书——考核评价——任务小结

 教学目标 ▶▶▶

知识目标：
1. 能够正确说明潜客跟踪前的准备工作；
2. 能够正确说明潜客跟踪时的工作要点及话术技巧；
3. 能够正确说明潜客跟踪后的总结工作。

技能目标：
1. 能够正确开展潜客跟踪前的准备工作；
2. 能够正确开展潜客跟踪工作；
3. 能够正确开展潜客跟踪后的总结工作。

素质目标：
1. 有较强的沟通执行能力；

项目七 潜在客户跟踪

2. 有较强的理解判断能力；
3. 对工作有持续的热情。

教学重难点

教学重点：
潜客跟踪的准备工作和总结工作。
教学难点：
潜客跟踪工作的开展。

一、导入案例

案例描述：销售顾问保有潜在客户 30 人，现准备对潜在客户进行跟踪。
提问：假如您是这名销售顾问，在对潜在客户跟踪之前，您会做哪些准备工作？
通过同学们的回答，引出潜客跟踪前准备工作的内容。

二、知识技能学习

知识点一：潜客跟踪前的准备工作

（一）明确客户等级和追踪频率，根据客户意向级别制订追踪计划

客户等级是根据客户决策时间而划分的，客户决策时间长短决定了销售顾问跟踪的节奏和频率，追踪延迟了耽误商机，追踪太紧凑了招致客户厌烦。

客户追踪要有计划性和针对性。所谓计划性是指合理的追踪频率和销售顾问有序的工作安排；针对性要根据客户的需求和客户的兴趣点，谋定而后动，有的放矢。

（二）根据"意向客户跟进表"及"销售服务店客户来电（店）量监控表"信息，制定追踪对策

销售顾问制订追踪对策分三步完成。
第一步，抓住明确客户级别的时机，明确客户级别一般有以下两个时机。
① 客户试乘试驾后判断其意愿等级；
② 客户重新打电话咨询时再次更新级别。
第二步，确定意向客户的级别。
第三步，根据意向客户级别设定追踪频率。
意向客户级别的判定标准和不同客户级别的追踪频率可参考表 7-1。

表 7-1 意向客户追踪频率

意向客户级别	判定标准	辅助判定标准	追踪频率
O 级	现场订车	已交定金，但并未付全款，也未提车	视情况而定
H 级	7 日内订车可能	车型车色已选定、已提供付款方式及交车日期、分期手续进行中、二手车进行处理中	2 日 1 次
A 级	7～15 日内订车可能	选定车型、已提供付款方式及交车日期、二手车进行处理中	3 日 1 次
B 级	16～30 日内订车可能	已谈判购车条件、购车时间已确定、选定了下次商谈日期、再度来店看车、要求协助处理旧车	5 日 1 次
C 级	31～90 日内订车可能	商谈中表露出有购车意愿、正在决定拟购车型、对选择车型犹豫不决、经判定有购车条件者	7 日 1 次

除表 7-1 中所示的意向客户级别外，还有以下三类客户。

① 战败客户：客户已购买其他品牌的车型，用"F"表示。

② 失控客户：客户联系不上，用"L"表示。

③ 冷冻客户：客户暂时没有购买意向，但并未战败的客户，用"FR"表示。

知识点二：潜客跟踪时的工作要点

（1）客户接待后 24 小时回访（先发短信，再进行电话联络）。

（2）适当时机与客户联系。

（3）电话追踪时帮助客户回忆上次来店情形，建立信心。

客户一般都是走好几家经销店去看车，而他离开我们的展厅后对我们的记忆很可能并不深刻，销售顾问可以提醒客户上次来店的情形，有助于客户回想起对我们的印象。

帮助客户建立信心的方法有以下三种。

① 通过形象的描述让客户回忆起在经销店的情形。

话术示范："张先生，您上周末到丰田店里来看车，您说您想看一辆外观时尚大方的、空间大的、油耗低的、带全景天窗的汽车，当时我为您介绍了我们的凯美瑞 2.5G 豪华版，您当时对车挺满意的。"

② 再次描述自己的姓名、特征。

话术示范："李女士，我是广汽本田 4S 店的销售顾问张林，小张，就是个子小小的、戴个眼镜的销售顾问，您还记得我吧？"

③ 重复客户的试驾情形。

话术示范："王先生，您当时亲自试驾的时候，我们过一个路口，有个行人，您很好地做了避让，当时您还说我们的车转向轻便、操控稳定呢。"

（4）客户主动来店（电）时，亲切询问客户近况，消除客户疑虑。

（5）倾听客户想法，详细记录，并积极邀约客户再次到店。

客户愿意谈及交易条件，就是一种购买信号的释放，销售顾问应把握机会，积极邀请客户到店详谈，只有签订了合约才是真正有效的，任何口头承诺都不可靠。

销售顾问常用的邀约客户到店的方法有两种。

① 倾听客户对交易条件的想法，邀请客户到店详谈合约细则；

② 通过客户的想法，了解客户正在关心的问题，积极提供建设性的方案。

【案例】 潜客追踪话术示范

1. 电话追踪时帮助客户回忆上次来店情形，建立信心。

"×先生，您好。我是武汉××经销店销售顾问××，您还有印象吗？我是那个……的销售顾问。您上一次试驾了英朗，红色的那辆，您还有印象吗？"

2. 倾听客户想法，详细记录，并积极邀约客户再次到店。

"×先生，您上次来看车时间比较匆忙，这周末我们公司正好在举办'试驾体验会'活动，我特别为您预留了席位，您可以和您的家人一起过来感受一下。您看您周六上午过来还是下午过来呢？"

"×先生，您现在买车比较很多，不知道有没有我能协助您的地方？要了解一款车您需要反复开一开，这样才能深入了解。这周末，您和家人再一起过来看看吧，好吗？"

知识点三：潜客跟踪后的总结工作

对每一位潜在客户进行跟踪后，销售顾问有两项总结工作需要完成。

项目七　潜在客户跟踪

（一）及时更新"意向客户跟进表"客户资料

"意向客户跟进表"是客户管理的依据，我们获得了新的数据就必须及时更新，只有这样我们跟踪的数据才会是最准确、最新的，对客户才能进行最好的掌握。电话追踪完毕，及时将追踪内容、客户反应、目前的级别等信息详细记录到"意向客户跟进表"。

（二）分析客户可能遭遇到的销售瓶颈，寻求解决方案

配套表格：

本环节有一个配套表格："营业日报表"（见表7-2）。

表7-2　营业日报表

营业日报表											
销售服务店（支店）：								日期：			
客户资源						销售工作					
当日来访量		留有资料数	客户分类			销售跟进			客户回访		
电话	来店		A	B	C	客户数目	成功客户	成功率	客户数目		成功率
销售统计											
车型	福美来一代				福美来二代				普力马		合计
新增意向需求											
本日订车											
本日销售											
本月销售											
月目标差额											
本日库存											

审核：　　　　　　　制表：

（正面）

销售信息反馈							
序号	客户	电话	身份证号	车型	颜色	车架号	价格
1							
2							
3							
4							
5							
6							
7							
8							
9							
10							
11							
12							

（背面）

(1) 表格使用目的

作为销售服务店一天营业情况的战报，呈送给销售部门的上级主管。

(2) 表格填写

信息员填写。

(3) 使用频率

每天下班前填报，第二天早晨报负责销售的总经理。

拓展知识：三表一卡的使用

汽车销售顾问在接待客户过程中需要掌握三表一卡的使用，三表是指"来店（电）客户登记表""意向客户跟进表"和"营业日报表"；一卡是指"客户信息卡"。三表一卡的使用可以见图7-1。

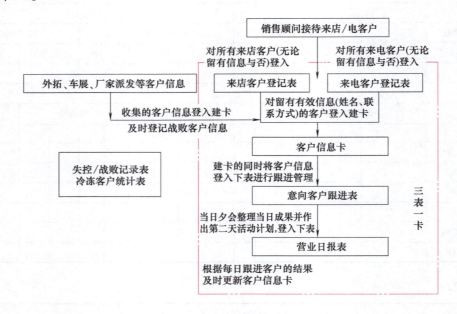

图7-1 三表一卡的使用

如图7-1所示，销售顾问接待到店或者打来电话的客户，无论客户是否留有信息，销售顾问均将客户记入"来店（电）客户登记表"中，对留有姓名、联系方式等有效信息的客户建立"客户信息卡"，建卡的同时将客户信息登入"意向客户跟进表"进行跟进管理，销售顾问每日夕会整理当日成果并作出第二天活动计划，登记入"营业日报表"，同时，根据每日跟进客户的结果及时更新客户信息卡。对于外拓、车展、厂家派发等客户信息，销售顾问也根据收集的有效客户信息建立"客户信息卡"。同时，对于失控、战败、冷冻的客户也要及时进行统计，记入"失控记录表""战败记录表"和"冷冻客户统计表"中。

三、任务书

两人一组，背靠背，分别扮演销售顾问和客户。

任务描述：

根据下列信息内容，分析客户关注的需求，争取将客户再次邀约到店。

潜在客户信息1：张小龙，男，手机号：1387657××××，上次到店滞店时间不到20分钟，是一名网约客户，到店次数 1 次，欲新购 1 辆私用汽车，车型关注点为动力性和外观，平日喜欢上网、外出旅游，对大众速腾感兴趣，有试驾意向，但上一次到店当天没时间。

潜在客户信息 2：李梅，女，手机号：1589876××××，上次到店滞店时间超过 20 分钟，是一名老客户转介绍的客户，到店次数 1 次，欲换购 1 辆私用汽车，现用车型为别克英朗 2015 款 1.5L 自动精英型，车型关注点为舒适性、动力性和外观，陪同同事小王上周来提车时对我们车子感兴趣，有意向换购本品牌汽车。

四、考核评价

（一）考核评价的组成及占比

由三部分组成，包括：组内评价（30%）、小组互评（30%）、教师评价（40%）。

（二）评价标准

① 熟练程度；
② 任务的完成情况；
③ 可行性。

成绩：A ／ B ／ C ／ D

五、任务小结

学习内容为项目七：潜在客户跟踪。通过学习潜客跟踪前的准备工作、潜客跟踪时的工作要点和潜客跟踪后的总结工作 3 个知识点、1 个案例和 1 个拓展知识，以及任务书的完成和评价，希望能够使同学们掌握潜客跟踪的方法和工作要点，准确高效地进行潜客跟踪。

项目八 洽谈成交

  项目简介

本项目主要介绍了汽车产品的价格构成和报价议价技巧，顾客异议处理的原则、处理方法和技巧，以及达成协议的流程、工作标准和各种客户维系技巧。通过对洽谈成交知识和技能的学习，可以帮助学生们培养良好职业技能和职业素质。

  教学环境

汽车营销实训室：包括移动教室、电脑、投影仪、接待台、谈判桌、展车、汽车4S店展厅各功能区等。

  学习引导

本项目学习可以采用以下顺序：
导入案例——知识技能学习——任务书——考核评价——任务小结

任务一 报价说明

  教学目标

知识目标：
1. 能够正确说明汽车价格的构成；
2. 能够正确说明汽车报价的技巧；

3. 能够正确说明汽车议价的技巧。

技能目标：
1. 能够准确开展汽车报价工作；
2. 能够准确开展汽车议价工作。

素质目标：
1. 有较强的观察和沟通能力；
2. 有较强的理解判断能力；
3. 对工作有持续的热情。

教学重难点

教学重点：
1. 汽车报价的技巧；
2. 汽车议价的技巧。

教学难点：
汽车议价技巧的应用。

一、导入案例

案例描述：客户张先生，到店预购买一辆东风本田 CRV，客户对产品很满意，表示只要价格合适就可以订车。

提问：您作为一名销售顾问，会对客户张先生如何报价，如何议价呢？

通过同学们的回答，引出汽车报价说明。

二、知识技能学习

知识点一：汽车价格的构成

如图 8-1 所示，汽车价格包括车价、车辆购置税、车辆上牌费、车辆保险费、车辆装饰费和车船使用税，其中车价又分为市场指导价和实际成交价。

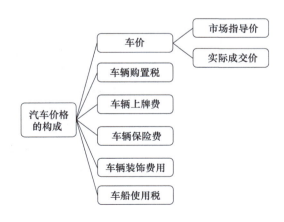

图 8-1　汽车价格的构成

汽车销售技巧

知识点二：汽车报价的技巧

（一）汽车报价的工作标准

汽车报价可以遵循以下 10 条工作标准。

（1）主动邀请客户进行车辆订购商谈，根据客户需求制作报价单

车子购买后到直接上路需要花费多少钱是客户需要知道但绝大部分客户又不知道的问题。为了能够让客户做到心中有数，并且能够回家与家人商量，销售顾问可以利用报价单给客户详细说明并记录，写得越清楚，客户了解得越清楚，对我们的信心就越强。

报价单在提供给客户时，车单价一般都填写原价，而不填写我们直接的底价。因为如果我们填写了底价，客户很可能拿着这份文件去其他经销店进行比价；而我们写原价，客户就不能拿它做比价的证据了。这样更有利于我们后面价格的洽谈。

话术示范：

"××先生，您这边请。刚刚试驾完请您休息一下。刚才您试驾的这辆车还满意吗？"

"现在这种配置的车型，目前我们库房里还有几辆，如果颜色合适的话，不妨预订一下，我好替您保留一辆您中意颜色的车呀。"

"××先生，顺便我帮您计算一下这款车大概的费用，您请坐。"

（2）每家 4S 店应该有符合本品牌规范的报价单

（3）填写时再次明确客户购车需求，以及保险、贷款、一条龙服务等代办手续的意向

话术示范：

"张先生，我们店和多家保险公司有合作，投保人保的话最近是有 8 折的优惠，您看您需要我帮您制订个保险方案吗？"

"李女士，我们店和多家银行和金融机构有合作，最近贷款买车都是有优惠的，您需要贷款买车吗？"

"王先生，我们店还为您提供一条龙的延伸服务，例如购买保险、代办贷款、代办上牌、年检等，可以让您直接提车上路，免去奔波办理的麻烦，您看您需要吗？"

（4）应该主动向客户介绍经销店精品装饰产品

话术示范："王女士，我们公司这里有很多选装配件和精品，您看看是否有需求？这两天我们所有的精品都是有折扣的，如果您现在选择装配的话，比较划算。"

（5）应该主动谈及经销店维修/保养优势和利益

话术示范："××先生，您问最低价是多少。当然，这是一个合理问题，如果我是您的话，我也会问。在考虑价格和价值的同时，您可能还要考虑到其他几个方面。正如您所知，在最初价格之外还有许多价值。您刚才也体验到了这辆车的高性价比及优越的性能。请您再考虑一下良好的节油性能、专业的售后服务、免费的首次更换机油以及其他许多卓越服务。至于调低价格，我们始终遵循公平的定价政策。您大可放心。"

（6）充分了解分期、保险等购车手续，销售工具夹内有相应资料

销售顾问应该根据客户的用车环境和驾驶熟练程度制订保险方案，并计算保费。

（7）主动向客户提出二手车置换业务，如果客户有需求，销售顾问应该陪同客户进行价格商谈

话术示范：

"张先生，我们店里有资深的二手车评估师，可以对您的车进行免费的鉴定评估，您看您需要吗？"

"您的车辆保养得很好,您这种小排量的车型非常适合家庭使用,在二手车市场上很受欢迎。"

"您看我们经销店也在开展置换业务,您的旧车款项可以直接作为定金,补充尾款就可以提取新车了,非常方便。"

"您的旧车直接作价为新车价款的一部分,由我们进行一站式的处理,您不必为办理旧车处理事项奔波于各个交易地点,在经销店就可以享受我们以旧换新的一站式服务。"

(8)主动向客户介绍合适的车贷方案及业务流程

话术示范:

"这个级别的车辆确实非常适合您的身份,而且您不需准备大量现金,金融购车的话首付只需车价的30%,您就可以把新车开回家了。"

"其实分期手续也很简单,我给您作个大致的介绍吧,如果您选择四大国有银行的话,贷款利率相对较低,但审批手续相对严格……"

(9)向客户说明车辆购置程序和各项费用

话术示范:"张先生,您今天如果能把车定下来的话,我就尽快通知我们售后同事为您的车办理出库手续,大概三天您就可以将新车开回家了。新车全部办好的费用包括优惠后的车款、车辆购置税、保险费、车船税,如果您选购精品的话还有精品费,如果您需要代办上牌的话,还有上牌费,大致就是这些,每一辆车购买都包括这些费用。"

(10)让客户有充分的时间自主审核销售方案

话术示范:"张先生,您可以将我为你做的报价单拿回去,跟家人朋友商量也好,跟其他4S店对比也好,都是可以的,我们的价格绝对是最优惠的,您考虑好了,欢迎到店找我,我会继续为您服务。"

(二)报价时机的选择

报价时机的选择就是要把握客户决定购买产品时无意中流露出的信号,包括口头表达和肢体语言两种。

1. 口头表达

一般通过观察客户提出的问题和客户陈述的内容来进行判断。例如,客户询问"何时可以交车";或者客户要求再度试乘试驾;或者客户询问领牌办证等交车细节;或者客户讨论按揭、保险等事项等,都是销售顾问可以报价的时机。

2. 肢体语言

肢体语言指客户不经意间流露出的动作和行为。例如,客户对车辆的某个配置很感兴趣,主动用手触摸或上车体验;或者客户反复回展厅看车;或者客户再次带亲人、朋友来看车等,也都是销售顾问可以报价的时机。

(三)汽车报价方法

汽车报价一般使用以下四种报价方法。

1. 三明治报价法

三明治报价法就是在报价时类比三明治的结构,分三部分进行报价,先向客户说明产品给客户带来的价值,然后说产品的价格,紧接着说产品的优惠活动,弱化产品价格对客户的冲击,让客户觉得产品的价格可以接受,物超所值或者物有所值。

话术示范:"张先生,这款车型是我们品牌的经典车型,在中国已经销售了10多年了,一直经久不衰,足以说明车的品质,而且,本车型还是去年消费者最信赖车型排名的第一名呢，产品肯定是非常好的，报价是 18.98 万元，这两天订车还可以优惠 1 万元，真的是非常划算的。"

2. 分摊报价法

分摊报价法就是在报价时将产品的总价分摊到客户每一天承担的费用，转移客户对总价的关注，让客户产生价格可以接受的感觉。

话术示范："王女士，这款车现在的售价是 12.99 万元，这辆车保守地算，您用 10 年没问题，我们以 10 年来算，您每天只需要支付 36 元就可以拥有一辆属于自己的汽车了。"

3. 比较报价法

比较报价法是指在报价时将产品的总价和客户采用其他出行方式产生的费用进行比较，让客户产生价格可以接受的感觉。

话术示范："李先生，这款车现在的售价是 9.89 万元，您刚才说您现在的代步工具是出租车，您家和单位的距离比较远，每天上下班大概需要花费 50 块钱的打车费，您可以大致算一下，如果按每天 60 元的出行费用、1 年上班按 264 天算的话，您 1 年的打车费用大概是 1.58 万元，这还不算您外出游玩和加班产生的出行费用，您打车 6 年的费用就可以购买一辆属于自己的车了，而且一辆车使用的时间不止 6 年，所以说，您现在买车真的是非常划算的选择。"

4. 订金报价法

订金报价法是指客户先支付少量的订金订车，让客户有拥有车辆的感觉，然后再支付尾款，以订金来弱化车辆的总价，让客户产生价格可以接受的感觉。

知识点三：汽车议价的技巧

销售顾问在和客户议价时，可以遵循以下 5 个技巧进行。

① 不可一次让到底，应该分几步进行让价。

② 让价应该越来越慢，表示出越来越为难。

③ 让价应该先多让后少让。例如，某车型的让价总额为 1000 元，销售顾问可以采用 500 元、300 元、200 元三次进行让步。

④ 中途离开请示领导。销售顾问让一些价后，如果客户还是希望价格低一些，销售顾问可以在征得客户购车承诺的前提下，请示销售主管或销售经理，申请进一步的优惠，此技巧在使用时应该有客户承诺要购车作为前提，而且也不可经常使用。

⑤ 交换条件尝试成交。销售顾问可以尝试和客户以成交作交换，来进行最后一步的让价。话术示范："李先生，现在的价格已经是我们的最低价了，所有客户买这款车最低也就是这个价格，这样，我看您也是真心喜欢我们的车，我们也谈得很投机，如果您决定购买的话，我再把我最后 300 元的提成也让给您，就当交您一个朋友，您周围有朋友要买车的话一定要介绍给我。"

知识点四：成交技巧

汽车作为一件高价格、大件商品，客户在购买时大都比较慎重，在多方对比确定车型后，客户在作成交决定时往往也比较谨慎。销售顾问要注重工作效率，在汽车销售流程进展到成交环节时可以采用一些成交技巧，帮助客户作成交的决定。常用的成交技巧有以下 5 种。

1. 正面假定式

正面假定式成交即销售顾问向客户描述拥有汽车后生活的场景，让客户产生向往，进而产生成交行为。

话术示范："张女士，您之前说您每天上班要提前一个小时出门，要步行至地铁站，下地铁后还要走大概10分钟到公司，现在您对这辆车很满意，如果您今天订下来的话，这个周五我就可以给您交车了，您下周一就可以开新车上班了，以后您早上就可以晚点出门，不用那么赶了，您看您是不是考虑把车订下来呢？"

2. 将来发生式

将来发生式成交即销售顾问以库存紧张、优惠活动会结束等情况来引导客户，告诉客户现在订车的迫切性。

话术示范："李先生，您中意的1.8T双离合白色的这款车一直都很热销，来我们店的客户很多都是咨询这款车的，所以我建议您如果觉得合适的话就先订下来，免得后面没库存了，您提车还要等，您考虑看看。"

3. 总结式

总结式成交即销售顾问再次为客户总结客户的需求和客户意向车型的优点，强调客户需求和车型优点的吻合性，引导客户订车。

话术示范："王先生，您这次是想要购买一辆外观动感时尚、乘坐空间大、动力强劲、油耗相对较低的家用轿车，对吧？我们第十代思域外观在第九代的基础上作了较大的改变，外观动感时尚，很受像您一样的年轻消费者的喜欢。刚才您也上车体验过了，车的前排和后排空间都是很充足的，您说您家里有4口人，用起来是非常舒适够用的，而且，您选择的这款1.5T尊贵版车型采用的是涡轮增压技术，刚才您试驾的时候也是有真实感受它的加速能力的，日系车的油耗在同级别车里一直都是表现非常好的，这一点您应该也是知道的。所以，我们这款1.5T尊贵版思域是完全满足您的购车需求，很实用、适用的一款车型，您看您要不就订下来吧？"

4. 小点促成式

小点促成式成交即销售顾问可以通过询问客户一项一项细分的项目，帮助客户作出每一项的决定，进而作出订车的决定。

话术示范："李先生，这款车这个周末的优惠确实很大，基本上算是同城店里最低的价格了，我想问问您想好购买哪一款了吗？1.0T还是1.5T呢？动力都还不错；尊贵版还是豪华版呢？按照您的购车预算，尊贵版是略高出您的预算的，但是尊贵版比豪华版配置高出很多。例如，座椅材质一个是真皮一个是织物，主驾电动座椅调节功能尊贵版是有的，豪华版是手动调节，GPS导航系统，尊贵版有，豪华版是没有的，您可以和您太太商量一下；白色还是红色呢？您太太刚才说白色好看；哦，您说是要1.5T尊贵版白色是吗？这款车刚好有现车，我帮您订下来吧？"

5. 试用式

试用式成交即客户可以对中意的车型进行有偿试用，将车辆开回家试用几天后再决定是否购买。一般来说，客户进行试用后购车的可能性会提高很多。但是，目前国内使用试用式成交的经销商不多，因为试用车必须牌照完备、保险齐全，而且还要准备到各个车型，经销商养车成本过高。

配套表格：

本环节有一个配套表格："报价单"（见表8-1）。

1. 使用目的

用于向客户提供一份比较详尽的购车款项明细，供客户与其他车型对比和相关人员讨论。

2. 表格填写

销售服务店销售顾问填写。

表格使用复写联,一联留给客户,一联留销售顾问存档。

3. 表格内容

客户相关信息、意向车型信息、各种费用支出等。

表 8-1 报价单

报价单						
客户信息	姓名			联系电话		
车辆	车辆型号			车辆颜色		
	厂家指导价			优惠		
	报价					
税费	购置税			车船税		
	牌照费					
	小计					
保险	交强险			第三者责任险		
	保险方案					
	保险公司 1			预计保费		
	保险公司 2			预计保费		
装潢	装潢名称	型号规格	数量	单价	活动	价格
			小计			
贷款	贷款方案 1	银行 / 金融机构				
	期数			利率		
	预计费用					
	贷款方案 2	银行 / 金融机构				
	期数			利率		
	预计费用					
其他服务						
备注						
合计			报价日期			
销售顾问			联系电话			

三、任务书

以小组为单位,学生进行分组练习,组内讨论,选取一名代表进行汇报。

项目八 洽谈成交

任务描述：

请各小组完成一份"报价单"。

车型为各小组实训车型。

说明："报价单"中涉及贷款、购买保险、选购精品等内容，可以参考"项目九 水平业务"中的相关内容。

四、考核评价

（一）考核评价的组成及占比

由三部分组成，包括：组内评价（30%）、小组互评（30%）、教师评价（40%）。

（二）评价标准

① 熟练程度；
② 任务的完成情况；
③ 可行性。

成绩： A ／ B ／ C ／ D

五、任务小结

学习内容为项目八中的任务一：报价说明。通过学习汽车价格的构成、汽车报价的技巧、汽车议价的技巧和成交技巧4个知识点，以及任务书的完成和评价，希望能够使同学们掌握汽车报价和议价的技巧和方法，准确地开展汽车报价工作。

任务二　顾客异议处理

 教学目标

知识目标：

1. 了解常见的汽车客户异议类型；
2. 了解汽车客户异议处理的原则；
3. 了解汽车客户异议处理的步骤；
4. 了解汽车客户异议处理的方法。

技能目标：

1. 能够对汽车客户异议进行归类；
2. 熟练掌握汽车客户异议处理的原则和步骤；
3. 熟练使用汽车客户异议处理的方法。

素质目标：

1. 有较强的沟通交流能力；
2. 有很强的服务意识；
3. 对工作有持续的热情。

教学重难点

教学重点：
1. 汽车客户异议处理的原则和步骤；
2. 汽车客户异议处理的方法。

教学难点：
汽车客户异议处理方法的应用。

一、导入案例

案例描述： 客户张先生到店三次了，看中一汽大众奥迪 A4L2.0T 时尚型，销售顾问为张先生进行了产品介绍和试乘试驾，张先生对车很满意，但是迟迟不能下决心购买。

张先生多次到店，说明张先生对品牌和产品是满意的，但又不订车，肯定是存在异议的。

提问： 作为接待张先生的销售顾问，您认为张先生可能是什么原因不作购买决定，针对这种情况您该如何应对呢？

通过同学们的回答，引出顾客异议处理的内容。

二、知识技能学习

知识点一：汽车客户常见异议类型

客户在购买汽车的过程中或多或少会产生异议，辨别客户的异议类型，有助于销售顾问有针对性地进行应对。常见的汽车客户的异议有 7 种类型。

1. 需求异议

需求异议指客户对自己需求认识不清晰，或者客户对自己需求的认识和销售顾问对客户需求的认识不一致，从而使客户产生异议。

销售应对：销售顾问可以通过询问和进一步的追问，对客户的真实需求进行挖掘，并且帮助客户了解自己的真实需求。

2. 产品异议

产品异议指客户对销售顾问为自己推荐的汽车产品存在异议。异议分为两种类型：一种是客户觉得该车型不能满足自己的需求；另一种是客户对销售顾问介绍的车型的某些性能或配置存在质疑。

销售应对：针对第一种异议，销售顾问可以通过总结客户的需求和车型的特点进行对应，帮助客户分析车型是否满足客户的需求；针对第二种异议，销售顾问可以通过提供证明材料，例如产品资料、对比数据、获奖证书等，进行佐证，帮助客户消除疑虑。

3. 财力异议

财力异议指客户中意车型的价格高于客户预算，让客户难以选择，进而产生异议。

销售应对：销售顾问要根据客户的真实需求，帮助客户选择实用、适用的汽车产品。如果客户最合适的车型价格确实是高于预算时，销售顾问可以根据客户的收入特点，为客户推荐分期或贷款买车。

4. 权力异议

权力异议指车辆的购买决策者大于一个人，因为决策权不统一而产生的异议。一般分为两种情况：一种是决策者没有全部到店，到店的客户不能独自作决定；另一种是决策者都到店了，但是意见存在分歧。

销售应对：针对第一种异议，销售顾问可以利用试乘试驾或者其他活动邀请决策者全部到店，再进行洽谈；针对第二种异议，销售顾问可以对存在的分歧进行利弊分析，然后借口拿资料或者拿茶水离开，让客户有单独商量和思考的时间，当客户的意见统一后再进行洽谈。

5. 价格异议

价格异议指客户对销售顾问给的价格不满意，希望有更大的优惠而产生的异议。

销售应对：销售顾问在和客户进行价格商谈时，应该逐步让价，先多让后少让。如果客户还是对价格不满意，在证实客户确实有购车意向时，销售顾问可以向主管申请优惠，但此方法不可常用。

6. 货源异议

货源异议指客户满意的车型没有现车或者现车不理想产生的异议。

销售应对：销售顾问在向客户推荐产品时，应该向客户说明有库存的车型列表，让客户提前知道哪些车有现车哪些车没有现车，一些有现车但是是库存时间较长或者有小瑕疵的现车也应该向客户说明，避免交车时产生争议。

7. 时间异议

时间异议指客户因为贷款手续办理时间或者提车等待时间过长而产生的异议。

销售应对：销售顾问在向客户说明等待时间时一般说时间段不说时间点，为客户办理贷款时应该向客户说明贷款等待时间。

话术示范：

"张先生，您的贷款手续审批需要3～5个工作日，手续办理好了我会及时打您电话通知您。"

"李女士，您看的这款车目前没有现车，这您是知道的，需要等待5～7天，车到了我会第一时间给您打电话通知您提车，请您放心。"

知识点二：客户异议处理的原则

客户购车过程中存在异议是一种正常现象，销售顾问应该欢迎这些异议，将异议作为一种挑战，正确认识客户的异议，积极地进行处理和应对。销售顾问进行客户异议处理一般遵循以下4个原则。

1. 理解客户异议

销售顾问可以换位思考，从客户的角度出发，尽量地理解客户异议。只有真正地理解客户的异议，才可以从根本上解决客户的异议。

2. 善待客户异议

汽车产品作为一个高价格、大件、复杂的商品，客户在购买时比较慎重是很正常的，从这个角度出发，销售顾问应该善待客户的异议，积极地进行处理。

3. 尊重客户异议

客户在购车过程中产生异议其实是一种想要购车的信号，也是客户维护自己权利的一种积极表现，销售顾问应该表示尊重，积极地进行处理和应对，异议处理得恰当会让客户有更高的满意度。

4. 永不与客户争论异议

在典型的买方市场的汽车市场当中，客户的中心地位不可动摇，当产生异议时客户的情绪和满意度已经不太好了，销售顾问绝对不可以和客户进行争论，应该以平和的态度、礼貌的语言积极地进行异议处理，尽快地化解客户的异议。

知识点三：汽车客户异议处理的步骤

客户的异议一旦产生，销售顾问就应该积极地进行应对和处理，只有将客户的异议处理完毕，让客户感觉满意，才有可能完成汽车销售。汽车客户异议处理一般遵循五步，步骤如下。

（1）倾听顾客异议

（2）对顾客异议表示理解

话术示范："张先生，您现在还不能决定购买是吗？我很理解，买车是件大事，一定要慎重。"

（3）澄清和确定顾客异议

话术示范："张先生，您是说您还要和家人商量一下才决定购买是吗？"

（4）解答顾客异议

话术示范："张先生，我们这个周末有试乘试驾活动，邀请您和您的家人一起来参加，亲身体验一下车辆性能，好吗？"

（5）努力完成销售

知识点四：汽车客户异议处理的时机和方法

（一）异议处理的时机

销售顾问在处理客户异议时，可以把握以下四个时机。

1. 预测到的客户异议在顾客提出之前答复

对于一些常见客户异议，销售顾问应该提前想好对策，并且在客户提出来之前进行答复，避免从客户口中提出，此种处理异议的时机客户满意度是最高的。

2. 在客户提出异议后立即答复

客户提出异议后销售顾问立即应对，客户受重视的感觉会很强烈，如果异议处理得当的话客户的满意度也是很高的。

3. 在客户提出异议后暂缓回答

有一些客户异议不太好应对，例如，客户的情绪很激动，或者客户提出的异议暂时没有处理方法，或者可以解决客户异议的人员不在场等。销售顾问可以采取暂缓回答的方式进行应对，但是，一定要对客户提出的异议表示出我们会积极处理的态度。

4. 对客户的某些异议不必回答

有一些客户异议可以不用回答，客户提出此类异议可能是为了达到其他目的，因此对异议处理或不处理并不重要。例如，客户李先生对车很满意，但是觉得价格略高，希望销售顾问价格上再少一些，于是提出汽车的油耗有点高，使用起来油费有点高，他要再考虑一下是否购买。遇到这类情况，销售顾问可以不必回答油耗高低的问题，主要就价格来谈就可以了。

（二）异议处理的方法

销售顾问在处理异议时，应该根据不同的异议采取不同的处理方法，常见的异议处理方法有7种。

1. 运用转折法处理顾客异议

此类方法的使用一般采用：先有保留地肯定客户异议，然后用"但是"来进行转折，从客户的实际用车需求来进行分析，化解客户异议。

话术示范："王女士，您说我们车的后排空间小，是的，我们车的后排空间是不太大，但是，之前分析您的用车需求时，您说您家里主要是两个人用车，主要是坐前排，后排是用来搁物的，那我们车的后排空间用来搁放物品是没有任何问题的，是满足您的需求的。"

2. 运用转化法处理顾客异议

此类方法的使用一般采用：先有保留地肯定客户异议，然后用"但是"来进行转化，任何事情都是有利有弊的，用有利的一面来说服客户。

话术示范："李先生，您说 1.5L 的动力不足，是的，1.5L 的动力是不如 1.8L 的好，但是，您之前说您买车主要是用来上下班代步，您是在市区上班，路上红绿灯比较多，而且每天上下班都非常堵，高速行驶的时间不多，所以其实小排量的车比较适合您，油耗上会节省很多。"

3. 运用补偿处理顾客异议

此类方法的使用一般采用：先有保留地肯定客户异议，然后用"但是"来进行补偿，用产品显著的优势来吸引客户。

话术示范："张先生，我们车的价格是比同级别的车价格略高一些，但是，我们车的品牌是豪华车品牌，品牌价值高，而且，您看的这款车保值率也很高，您到时候转手卖的话也能卖个好价钱，所以说是划算的。"

4. 运用询问法处理顾客异议

使用此类方法一般情况下是客户的异议不够具体，销售顾问不好展开应对。一般采用反问来进行询问。

话术示范："李女士，您说我们车的舒适性不太好，您能具体地说一下是哪里的舒适性不好吗？是空间，座椅，还是哪个方面呢？"

5. 运用反驳处理顾客异议

销售顾问在处理客户异议时，一般不会反驳，但是当客户有损品牌形象和诋毁产品时，销售顾问应该直接反驳，一般使用一些证明材料来进行辅助说明。

话术示范："王先生，您说我们车的行李箱容积在同级别车中是最小的，这一点是不正确的，您可以看看我们车和 3 个主要竞品的行李箱容积对比，我们车是 485L，其他三个车分别是 489L、480L、465L，我们的行李箱容积不是最大，但也是中上水平，满足您日常需要是没有问题的。"

6. 预防法

对于客户经常会提出的异议，可以采用提前说明来进行预防。

话术示范："李先生，我们这款车的发动机是涡轮增压发动机，1.8T 的发动机可以媲美 2.4L 发动机的动力，但是，由于涡轮增压发动机工作过程的特点，如果您突然加速，汽车会有瞬间提速不良的感觉，但是大概等待两秒钟，2.4L 的动力就会蹿上来，这种现象是由涡轮增压发动机的工作原理所决定的，是一种正常现象，您可以正常使用。"

7. 忽视法

有一类异议不是客户的真实异议，是为了达到其他目的而提出的，销售顾问可以不予理睬。

三、任务书

以小组为单位，学生进行分组练习，组内讨论，选取一名代表进行汇报。

任务描述：

各小组同学讨论以下三个客户异议的类型，并给出销售应对措施。

（1）客户张女士，车型已选定，抱怨想要选定的车辆颜色无库存，需要等待。

（2）客户王先生，车型犹豫，在SUV和轿车中进行选择。

（3）客户张先生，独自到店看车，在销售顾问介绍过车辆之后，张先生表示要和家人商量。

四、考核评价

（一）考核评价的组成及占比

由三部分组成，包括：组内评价（30%）、小组互评（30%）、教师评价（40%）。

（二）评价标准

① 熟练程度；

② 任务的完成情况；

③ 可行性。

成绩：A / B / C / D

五、任务小结

学习内容为项目八中的任务二：顾客异议处理。通过学习汽车客户常见异议类型、客户异议处理的原则、客户异议处理的步骤、客户异议处理的时机和方法4个知识点，以及任务书的完成和评价，希望能够使同学们掌握客户异议处理的原则、步骤和方法，有效地进行客户异议处理。

任务三　达成协议

 教学目标

知识目标：

1. 能够正确说明达成协议的流程；
2. 能够正确说明签单的工作标准；
3. 能够正确说明签单客户的维系工作；
4. 能够正确说明不签单客户的应对措施。

技能目标：

1. 能够准确地开展签单工作；
2. 能够准确地开展签单客户维系工作；

3. 能够准确地应对不签单客户。

素质目标：

1. 有较强的沟通交流能力；
2. 有较强的理解判断能力；
3. 对工作有持续的热情。

教学重难点

教学重点：
开展签单工作。

教学难点：
应对不签单客户。

一、导入案例

案例描述：客户王先生三次到店，经过销售顾问的专业介绍，对广汽丰田雷凌 1.8L CVT 领先版车型和价格都很满意。

提问：您作为接待王先生的销售顾问，接下来会对王先生进行什么环节的工作，具体有哪些工作事项呢？

通过同学们的回答，引出达成协议的流程和工作标准。

二、知识技能学习

知识点一：达成协议的流程和工作标准

（一）达成协议的流程

如图 8-2 所示，达成协议的流程总共分为四步，包括车辆选择、签订协议、交付车款、车辆交接。销售顾问帮助客户确定车型和颜色，并达成价格协议，销售顾问查看客户中意的车型和颜色是否有现车，如果没有现车，可以安排客户订车，签订订车合同，支付订金，进入订车流程，等待有现车时进行车辆交接；如果有现车，销售顾问询问客户对现车是否满意，如果客户不满意，销售顾问需要为客户安排其他车辆；如果客户对现车满意，销售顾问询问客户是否需要贷款买车，如果客户需要贷款买车，客户进行汽车消费信贷流程；客户如果不需要贷款买车，销售顾问则询问客户是否需要延伸服务，客户如果需要延伸服务，例如购买保险、车辆上牌、精品加装等，在签订购车合同时此类项目也要一并写入合同中，并由销售经理审核合同内容；签订合同后，客户交全款，4S 店对客户车进行一条龙服务，然后通知客户取车，进入交车流程。

（二）达成协议的工作标准

达成协议的工作从车辆选择、签订协议、交付车款三个方面制定了工作标准。

1. 车辆选择

① 与客户确认意向购买车型、颜色、装备；
② 与客户达成价格协议；
③ 确定车辆库存情况，是否有现车。

2. 签订协议

① 向客户介绍汽车消费信贷的相关程序和基本条件；

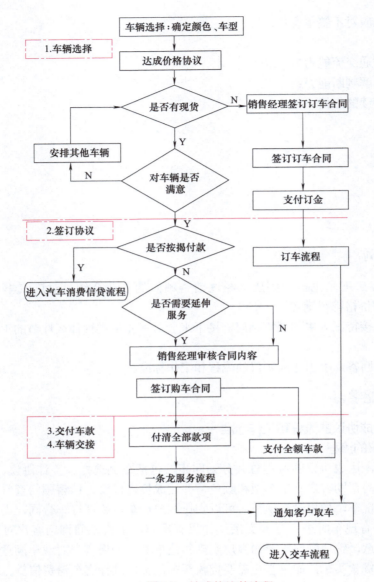

图 8-2　达成协议的流程

② 询问客户是否需要协助上牌、保险、装潢等一系列延伸服务项目，并细心进行说明；
③ 使用相关资料向客户讲解各项费用的支出和数目；
④ 与客户签订购车合同。

3. 交付车款
① 协助客户进行车款的交付；
② 车辆交接；
③ 按照车辆交接流程标准执行。

知识点二：签订订单相关工作标准
（一）签单工作标准
销售顾问签单工作一般遵循 8 项工作标准。

① 合同相关内容填写清晰、正确；

合同是客户购车之后第一个拿到的文件，所以销售顾问要仔细耐心，避免因填错合同而给客户留下一次不愉快的经历。每次在写之前都跟客户确认相应的内容，避免临时更改而造成合同的更改。

② 专心处理客户签约事宜，谢绝外界一切干扰；

③ 客户签字后把合同书副本交给客户，为客户准备信封放置合同文件；

④ 合理设定交车日期，交车看板信息及时更新；

⑤ 带领客户前往财务部门，并确认收款；

⑥ 将合同文件放置在单独文件夹中以免丢失，并为客户保密；

⑦ 向客户简述交车流程，以及所需文件准备；

话术示范："××先生，我们的库存里没有您要选购的车，所以我们需要在厂里根据您的具体配置生产，这通常需要花费一个月左右的时间。一得知新车运抵我店的准确时间，我就会马上给您打电话，看看您什么时候方便过来提车。在此期间，我会查看您所订新车的状况，并及时向您汇报。"

"下次您过来，请您带好有效证件和合同，支付最好使用银行卡。"

⑧ 客户离开后发送致谢短信。

话术示范："××先生，相信您一定很开心，买到您自己喜欢的好车，祝您用车愉快！"

（二）签单客户维系工作标准

该工作标准主要是用来规范客户签订了购车合同但未提车期间销售顾问的工作内容，一共有4项工作标准。

① 经销店设有交车管理工具（例如，库存单、库存看板）。

② 客户等车期间，与客户保持联系，并记录。

③ 客户等车期间，保持与客户的联络，让客户及时了解车辆的准备情况。

客户签订订单并不是销售的最终成果，而等车期间是客户最为焦虑的时期，客户会有种种疑虑担心，处理不好，很可能会造成退单。因此，在客户等车期间销售顾问必须与客户保持联系，让客户了解爱车的情况，同时对客户进行关怀，持续维系客户满意度，减轻甚至打消客户的疑虑，每周、每月与客户联系，确认等待时间，及时报告车辆状况。为避免打扰客户，一般采用短信方式，适时电话客户，邀请其参加经销店举办的车主活动。

话术示范："××先生/女士，由于……（原因），您的爱车需要在1个月后交付，非常抱歉，由此造成的不便本店特为您准备了……（礼物）。本周六，本店有爱车养护课堂活动，将邀请您参加，可以让您提前了解车辆使用与维护的方法，方便您日后更好地使用爱车，提前做个热身，您看可以吗？"

④ 交车有延误时，第一时间通知客户，表示歉意，并告知客户解决方案。

知识点三：不签单客户工作应对

当客户选择不签订合同时，销售顾问的工作也应该正面积极，可以从以下两个方面进行应对。

① 表示理解，正面协助客户解决问题。

客户不购买是正常的动作。不要过于急躁，导致客户产生逆反心理。这反映了客户心理存有一定的疑虑和困扰。耐心听取客户观点有助于我们作进一步需求分析，并作出良好的应对，重新建立客户对于购买的信心。自己要对本品牌汽车产品和自己的接待服务有信心。对

于客户拒绝购买表示理解，同时也表示惋惜。用开放式提问了解客户关心的问题，但不要为难客户。从客户角度考虑客户的想法，减少抵触心理，告诉自己客户的想法是正常的。利用购买标准引导客户的思维，重新总结本品牌汽车的利益点，建立购车信心。

话术示范："××先生，您好，本次购车过程中通过与您的沟通，您购车的用途是……我发现您比较关注的是车辆的性能、性价比、外观等几个方面，所以我给您推荐的这款车……不知道您还有什么需求？如果有需要，我们再为您提供其他选择。"

② 若客户最终选择其他品牌，则明确原因并填写"未成交客户记录表"。

三、任务书

以小组为单位，组内分工，分别扮演销售顾问和客户，销售顾问对客户进行维系和应对练习。

任务描述：

任务1：客户王先生已在本店订车（小组实训车型），暂时没有现车，王先生需要等10天左右提车。

任务2：客户李女士来店2次后，对销售顾问推荐的车型不是很满意，意欲换其他品牌。

四、考核评价

（一）考核评价的组成及占比

由三部分组成，包括：组内评价（30%）、小组互评（30%）、教师评价（40%）。

（二）评价标准

① 熟练程度；
② 任务的完成情况；
③ 可行性。

成绩： A ／ B ／ C ／ D

五、任务小结

学习内容为项目八中的任务三：达成协议。通过学习达成协议的流程和工作标准、签订订单相关工作标准和不签单客户工作应对3个知识点，以及任务书的完成和评价，希望能够使同学们掌握达成协议的流程、标准，以及不签单客户的应对措施，高效地完成达成协议工作。

项目九 水平业务

  项目简介

本项目主要介绍了汽车消费信贷，二手车置换，汽车精品销售的方法、技巧，汽车保险业务的基础知识和技巧，以及车辆上牌服务的流程、所需资料和注意事项。通过对汽车销售各项主要水平业务知识和技能的学习，可以帮助学生们培养良好职业技能和职业素质。

  教学环境

汽车营销实训室：包括移动教室、电脑、投影仪、接待台、谈判桌、展车、汽车4S店展厅各功能区等。

  学习引导

本项目学习可以采用以下顺序：
导入案例——知识技能学习——任务书——考核评价——任务小结

任务一　汽车消费信贷

  教学目标

知识目标：
1. 了解汽车消费信贷流程；
2. 能够正确说明汽车消费信贷相关贷款资料；

3. 能够正确说明汽车消费信贷注意事项。

技能目标：
能够准确开展汽车消费信贷工作。

素质目标：
1. 有较强的观察和沟通能力；
2. 有较强的理解判断能力；
3. 对工作有持续的热情。

教学重难点

教学重点：
汽车消费信贷流程。

教学难点：
汽车消费信贷工作的开展。

一、导入案例

汽车消费信贷可以帮助汽车 4S 店扩大客户群，促进销售，为客户提供更理想的付款方式。

案例描述：客户王先生，看中了一汽大众奥迪 A6L 2.0T 2018 款运动型，计划贷款买车。

提问：您作为接待王先生的销售顾问，应该如何为王先生办理贷款手续呢？王先生需要准备哪些贷款资料呢？

通过同学们的回答，引出汽车消费信贷业务。

二、知识技能学习

知识点一：汽车消费信贷简介

（一）基本概念

1. 汽车消费信贷

汽车消费信贷即对申请购买汽车的借款人发放的人民币担保贷款，是银行与汽车销售商向购车者一次性支付车款所需的资金提供担保贷款，并联合保险、公证机构为购车者提供保险和公证。

2. 公证

公证是指公证机构根据自然人、法人或者其他组织的申请，依照法定程序对民事法律行为、有法律意义的事实和文书的真实性、合法性予以证明的活动，公证费一般由公证处收取。个人贷款买车做公证可以有效地为银行规避风险。

3. 汽车消费贷款保证保险

为了促进汽车消费，保障金融机构发放的汽车消费贷款资金安全和购车人的经济利益，凡在中国境内有固定住所、具有完全民事行为能力的自然人，需贷款购买个人消费用新车，首付比例不低于所购汽车净车价的 30%，并愿以足额财产作抵（质）押者，经被保险人资信审核符合借款条件的购车者向保险公司投保的保险。本保险的投保人为购车者，被保险人为经国家银行监管部门批准经营汽车消费贷款业务并向投保人发放汽车消费贷款的商业银行或其他的金融机构。

现在许多保险公司停止办理带有为贷款人担保性质的履约保险，所以，目前银行办理较多的主要是抵押加保证的贷款，即借款人以有价值自有资产作抵押，并找一个银行认可的担保人（公务员、医生、金融员工等）进行担保。

（二）汽车消费信贷方式

1. 以车供车贷款

以车供车贷款即申请人向保险公司购买汽车消费贷款保证保险，以所购买机动车作抵押进行汽车消费贷款，客户贷款还款期间，其机动车登记证书会做抵押登记，抵押权人的名称为放贷银行，当客户贷款还清之后，抵押会解除，机动车登记证书会归还给客户，车辆抵押费一般由车管部门收取。

2. 住房抵押汽车消费贷款

住房抵押汽车消费贷款即申请人以出契证的自有产权住房作抵押，提交有关申请材料，交齐首付款并办妥房产抵押登记手续，便可获得的汽车消费贷款。

3. 有价证券质押汽车消费贷款

有价证券质押汽车消费贷款即申请人以银行开具的定期本、外币存单和银行承销的国库券或其他有价证券等作质押，可以申请的汽车消费贷款。

（三）首付要求

贷款买车首付一般在 30% 以上。

（四）贷款期限

汽车消费贷款期限一般为 1～3 年，最长不超过 5 年。其中，二手车贷款的贷款期限(含展期)不得超过 3 年，经销商汽车贷款的贷款期限不得超过 1 年。

知识点二：汽车消费信贷流程

如图 9-1 所示，汽车消费信贷流程包括销售顾问工作部分和消费信贷人员工作部分。第一，客户咨询汽车消费信贷，销售顾问进行讲解；第二，销售顾问对客户贷款资格进行初审，初审通过的话客户可以选车并签订购车合同；第三，客户提供贷款资料给保险公司，保险公司审核客户资料，审核通过的话保险公司承保；第四，银行审核客户资料，审核通过的话银行与客户签订贷款合同并公证，同时，银行向经销商发具放款通知；第五，客户交首付，办理其他相关业务，银行款到位，客户提车，办理出库手续，转入交车流程。整个汽车消费信贷流程中，有三方对客户的贷款资格进行审核，有一方审核客户资格不通过，都可以终止分期付款业务。

知识点三：消费信贷相关贷款资料

消费信贷按照贷款主体不同，分为个人汽车信贷和单位汽车信贷两部分。

（一）个人汽车信贷

1. 办理汽车消费信贷资料

① 汽车消费贷款申请书；

② 本人及配偶身份证、户口簿、婚否、居住证明；

③ 购车合同及协议正本二份；

④ 收入证明（月还款不得高于月收入的 50%）。

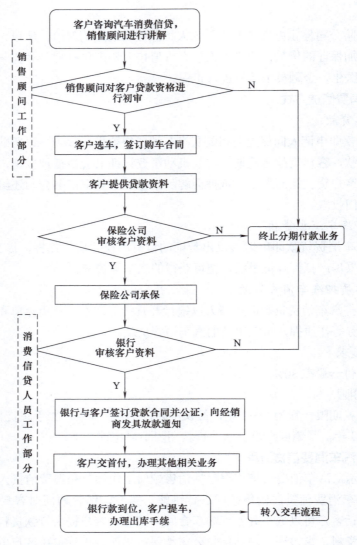

图 9-1　汽车消费信贷流程

2. 个人信贷公证资料

① 本人及配偶身份证、户口本、婚否、居住证明；

② 行驶证、购车发票、车辆合格证、车辆技术参数表、保险单。

（二）单位汽车信贷

1. 办理汽车消费信贷资料

① 上一年度财务报表；

② 上一月财务报表及贷款证；

③ 汽车消费贷款申请书、法人营业执照、税务登记证、近三个月完税证明、法人代码证；

④ 公司章程、董事会决议二份；

⑤ 购车合同或协议二份、审办委托书二份。

2. 单位信贷公证资料

① 法人营业执照、法人代码证；

② 公章、财务印章；
③ 行驶证、购车发票、车辆合格证、车辆技术参数表、保险单。
注意：由于各地区汽车消费信贷政策存在差异性，以上资料整理仅仅作参考！

知识点四：汽车消费信贷注意事项

办理汽车消费信贷有 5 个注意事项。
① 销售顾问要事先向客户认真介绍汽车消费贷款的相关知识和条款；
② 清晰明了的付款明细书面提供给客户参考；
③ 客户资历的检查要事先严格进行，避免无谓的人力消耗；
④ 消费信贷员要与银行、保险公司积极沟通，加快办理速度；
⑤ 银行没有放款之前，请勿交车。

拓展知识：部分银行标准费率

贷款利率执行中国人民银行（央行）规定的同期贷款利率，并随利率调整一年一定。如遇国家在年度中调整利率，新签订的"汽车消费借款合同"按中国人民银行公布的利率水平执行。按央行规定，汽车贷款执行贷款基准利率，各金融机构可在基准利率上下一定范围内进行浮动。

部分银行标准费率见表 9-1。

表 9-1 部分银行标准费率

期数	标准利率（2016 年）				
	招行（首付 30%）	建行（首付 30%）	平安（首付 30%）	中行（首付 30%）	大众金融、一汽金融（首付 30%）
12	5.50%	4.00%	5.50%	4.00%	5.80%
24	10.50%	8.00%	10.75%	7.50%	11.30%
36	14.50%	12.00%	16.16%	11.00%	17.00%

三、任务书

以小组为单位，组内分工，分别扮演销售顾问和客户进行汽车消费贷款练习。

任务描述：

请各小组选取一款车型（小组实训车型），具体到排量型号，选择不同的银行，按照不同的期数，销售顾问为客户计算月还款本息。

四、考核评价

（一）考核评价的组成及占比

由三部分组成，包括：组内评价（30%）、小组互评（30%）、教师评价（40%）。

（二）评价标准

① 熟练程度；
② 任务的完成情况；
③ 可行性。

成绩： A ／ B ／ C ／ D

五、任务小结

学习内容为项目九中的任务一：汽车消费信贷。通过学习汽车消费信贷简介、汽车消费信贷流程、消费信贷相关贷款资料和汽车消费信贷注意事项 4 个知识点和 1 个拓展知识，以及任务书的完成和评价，希望能够使同学们掌握汽车消费信贷的相关内容，准确地为客户开展汽车贷款业务。

任务二　二手车置换

知识目标：
1. 了解二手车置换的流程；
2. 了解二手车置换所需资料；
3. 了解二手车置换注意事项。

技能目标：
能够准确开展二手车置换工作。

素质目标：
1. 有较强的沟通交流能力；
2. 有很强的服务意识；
3. 对工作有持续的热情。

教学重点：
二手车置换流程。

教学难点：
二手车置换工作的开展。

一、导入案例

二手车置换，就是消费者用二手车的残余价值折抵一部分新车的车款从品牌 4S 店处购买新车的业务。由于 4S 店具备良好的信誉，能够给进行置换业务的消费者带来信任感和更加透明、安全、便利的服务，所以现在越来越多想换新车的消费者都会选择这项业务。

案例描述：客户李先生，使用别克凯越 5 年了，到别克 4S 店打算用凯越置换一辆别克君越。

提问：假如您是接待李先生的销售顾问，您打算如何为李先生办理置换买车手续呢？李先生需要提供哪些资料呢？

通过同学们的回答，引出二手车置换的流程。

二、知识技能学习

知识点一：二手车置换的流程

如图9-2所示，当客户有二手车置换需求时，可以到开展二手车置换业务的4S店进行咨询，客户可以一边进行旧车评估，一边选购新车，同时进行。4S店专业的二手车评估师对客户的旧车进行专业评估，确定二手车价格，并签订二手车收购合同，旧车置换款作为新车款的一部分，对新车款进行冲抵，然后，客户结清余款就可以提新车了。

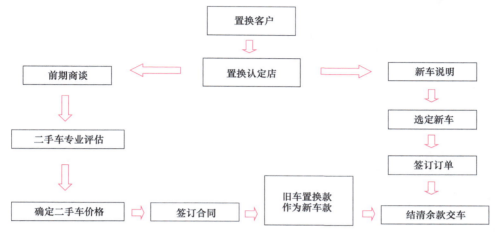

图9-2　二手车置换流程

知识点二：二手车置换所需资料

二手车置换需要客户提供以下6项资料。

① 机动车登记证书（原件和复印件）；
② 机动车行驶证（原件和复印件）；
③ 车主身份证（原件和复印件）或单位组织机构证书（原件和复印件）；
④ 购车发票；
⑤ 车辆购置附加费证明；
⑥ 汽车保险单。

知识点三：二手车置换注意事项

开展二手车置换业务时有以下4个注意事项。

① 各经销店要聘请专业的二手车鉴定评估师进行二手车鉴定评估。
② 销售顾问要向客户清楚讲解二手车鉴定评估流程、所需资料、置换补贴及其他优惠活动，4S店的置换一条龙服务，充分地解决了消费者在换车过程中办理各种手续的烦恼。
③ 销售顾问要向客户就销售的新车和回收的二手车分别进行介绍。
④ 销售顾问需要和客户讨论二手车置换牌照是否保留的问题。

如果客户新车仍然使用原二手车牌照的，可以申请保留原号码，不过要满足一定的使用年限，对于满足使用年限的客户，经销商可以代办退牌手续和新车上牌手续。如果新车选择上新牌照，客户直接选号即可，具体以各地政策为准。

【案例】 奥迪品牌二手车置换活动

即日起至2018年7月30日止，为答谢广大新老客户对××奥迪4S店的大力支持，

汽车销售技巧

凡符合以下条件的车辆均可享受零元置换新车活动。详情如下：一年内旧车原价置换；二年内旧车8折置换；置换新车享受一年不限里程原厂延长质保。旧车要求：无水泡、无火烧、无重大事故及市场召回，1年内公里数不超2万，2年内公里数不超4万。须同名置换，车龄以发票时间为准、置换仅限以下品牌，大众：宝来、朗逸、高尔夫、波罗；本田：锋范、思域；丰田：卡罗拉、雷凌；日产：骐达、轩逸。最终解释权归××奥迪二手车中心所有。

三、任务书

以小组为单位，组内分工，分别扮演销售顾问和客户进行二手车置换。

任务描述：
请各小组选取两款车型，模拟客户想要用现有车辆置换新车的情景，置换优惠活动自拟，进行二手车置换业务的演练。

四、考核评价

（一）考核评价的组成及占比

由三部分组成，包括：组内评价（30%）、小组互评（30%）、教师评价（40%）。

（二）评价标准

① 熟练程度；
② 任务的完成情况；
③ 可行性。

成绩：A ／ B ／ C ／ D

五、任务小结

学习内容为项目九中的任务二：二手车置换。通过学习二手车置换的流程、二手车置换所需资料、二手车置换的注意事项3个知识点和1个案例，以及任务书的完成和评价，希望能够使同学们掌握二手车置换的流程、所需资料和注意事项，顺利地开展二手车置换业务。

任务三　汽车精品销售

 教学目标

知识目标：
1. 了解汽车精品的概念及分类；
2. 了解汽车精品销售的工作标准；
3. 了解汽车精品销售的话术方法。

技能目标：
能够开展汽车精品销售业务。

项目九　水平业务

素质目标：
1. 有较强的沟通交流能力；
2. 有较强的理解判断能力；
3. 对工作有持续的热情。

教学重点：
汽车精品销售技巧。
教学难点：
汽车精品销售技巧的应用。

一、导入案例

汽车精品销售有利于满足客户更多的个性要求，增加汽车4S店延伸服务项目，同时提升销售营业利润。

案例描述：客户王先生，在店里购买了一辆SUV，王先生喜欢周末带家人出去郊游，喜欢跋山涉水，出行半径较大。

提问：您作为接待王先生的销售顾问，是否会向王先生推荐精品进行加装呢？您会推荐什么精品呢？

通过同学们的回答，引出汽车精品业务。

二、知识技能学习

知识点一：汽车精品简介

（一）汽车精品的概念

汽车精品指的是汽车装饰品，也是现在汽车的衍生品。

（二）常见汽车精品分类

常见的汽车精品可以分为以下7大类。

1. 汽车内饰精品

汽车内饰精品主要是指用于汽车内部装饰和布置的产品。

常见内饰精品有汽车香水座、坐垫、冰垫、脚垫、腰垫、地毯、座套、钥匙扣、公仔、风铃、窗帘、保温壶、太阳膜、防盗锁、安全气囊、车用衣架、隔热棉、门边胶、手机架、安全带、气压表、方向盘套、仪表装饰板等。

2. 汽车外饰精品

汽车外饰精品主要是指用于车外的装潢的产品。

常见外饰精品有晴雨挡、门碗饰件、外拉手贴件、挡泥板、车贴、汽车天线、雾灯框、汽车尾灯框等。

3. 汽车电子精品

汽车电子精品主要是指用于汽车电子控制装置和车载汽车电子装置。

常见电子精品有GPS导航、车载DVD、车载MP3、汽车音响、汽车逆变器、汽车加湿器、汽车氙气灯等。

109

汽车销售技巧

4. 汽车美容精品

汽车美容精品主要是指用于汽车清洁与美容的产品。

常见美容精品有车罩、抛光蜡、美容粗蜡、镜面处理剂、研磨剂、仪表蜡、修复蜡、空气清新剂、真皮清洁剂、汽车泼水剂（雨敌）、汽车防雾剂等。

5. 汽车养护精品

汽车养护精品主要是指用于汽车的定期保养及维护使用的产品。

常见养护精品有除锈润滑油、划痕蜡、水晶白玉固蜡、上光水蜡、去污水蜡、空调清洗除臭剂、发动机清洗剂、玻璃水等。

6. 汽车改装精品

汽车改装精品主要是用于汽车外观及性能改装的产品。

常见改装精品有超炫灯饰改装、氙气大灯、刹车灯、大灯灯泡、尾灯总成、底盘装饰灯、真皮改装、缓冲器、尾翼、大小包围、前后护杠、雾灯、天使眼光圈、隔热棉、车身装饰线、密封胶条、前挡贴、外踏板等。

7. 汽车安全精品

汽车安全精品主要是指汽车上用于保证乘客以及驾驶员或汽车本身安全的产品。

常见汽车安全精品有：行驶记录仪、TMPS、防盗器、疲劳驾驶预警、防盗器、汽车安全带、警示牌等。

知识点二：汽车精品销售的工作标准

汽车精品销售可以遵循以下 5 项工作标准。

① 可以通过交车过程中，送客户礼物的环节，吸引客户进行汽车装饰消费。

② 避免硬性推销现象的出现。

③ 结合客户的性格和实际情况，有选择性地推销。

④ 杜绝有损车辆性能的装潢业务。

⑤ 所有精品增加，都必须有客户签字确认。

知识点三：汽车精品销售的话术方法

汽车精品销售一定要从客户的真实需求出发，进行精品推荐，在进行精品销售时可以使用 FABE 法则，FABE 的使用方法可以参考项目五任务二知识点二：FABE 法则。

话术示范："张先生，这款中型 SUV 确实很适合您，而且也和您的购车需求相吻合，但是，刚才我听到您说您的小孩现在上幼儿园，也就四五岁吧，那可能您孩子在上下车时会不太方便，因为咱这款车的离地间隙比较大，这是为了保证良好的通过性的，所以，我建议您安装一个迎宾踏板。迎宾踏板是很多 SUV 车型客户会选择的加装，不但方便您和家人上下车，而且还起到美观车体的作用，对您来说是非常实用的。"

配套表格：

本环节有一个配套表格："精品预售单"（见表 9-2）。

（1）使用目的

明确精品选择项目、单价和总价，方便客户对比和作决定。

（2）表格填写

销售顾问、客户。

（3）使用频率

一个客户一张表格。

表 9-2 精品预售单

精品预售单							
客户：		车牌号：		车型：		车架号：	
序号	选装件名称	单位	数量	单价	总价	权限	实收金额
1							
2							
3							
4							
5							
6							
7							
8							
9							
10							
合计							
审批意见：							
审批：		销售主管：		销售顾问：		客户：	

年　月　日

三、任务书

以小组为单位，学生进行分组练习，组内讨论，选取一名代表进行汇报。

任务描述：

客户王先生，在店里购买了一辆 SUV，王先生喜欢周末带家人出去郊游，喜欢跋山涉水，出行半径较大。

提问：销售顾问是否会向王先生推荐精品进行加装呢？会推荐什么精品呢？

四、考核评价

（一）考核评价的组成及占比

由三部分组成，包括：组内评价（30%）、小组互评（30%）、教师评价（40%）。

（二）评价标准

① 熟练程度；

② 任务的完成情况；

③ 可行性。

成绩：A ／ B ／ C ／ D

五、任务小结

学习内容为项目九中的任务三：汽车精品销售。通过汽车精品简介、汽车精品销售的工作标准、汽车精品销售的话术方法 3 个知识点，以及任务书的完成和评价，希望能够使同学们掌握汽车精品销售的工作标准和话术方法，高效地开展汽车精品销售工作。

任务四 汽车保险业务

 教学目标

知识目标：
1. 了解汽车保险的基本概念和分类；
2. 了解汽车保险的常用险种和条款；
3. 了解汽车保险投保技巧。

技能目标：
1. 能够对汽车客户讲解汽车保险险种和条款；
2. 能够准确地为客户制订汽车保险方案。

素质目标：
1. 有较强的沟通交流能力；
2. 有很强的服务意识；
3. 对工作有持续的热情。

 教学重难点

教学重点：
汽车保险险种和条款。
教学难点：
汽车保险方案制订。

一、导入案例

案例描述：客户张先生，在4S店购买了一辆汽车，顺便想在4S店里购买保险。张先生一家三口，用车环境为上下班代步，家里停车有地下车库，单位停车多在路边。

提问：您作为接待张先生的销售顾问，请为张先生制订一份保险方案，并算出保费。

通过同学们的回答，引出汽车保险的简介。

二、知识技能学习

知识点一：汽车保险简介

（一）汽车保险的概念

汽车保险，即机动车辆保险，简称车险，也称作汽车保险。它是指对机动车辆由于自然灾害或意外事故所造成的人身伤亡或财产损失负赔偿责任的一种商业保险。汽车保险是财产保险的一种，在财产保险领域中，汽车保险属于一个相对年轻的险种，这是由于汽车保险是伴随着汽车的出现和普及而产生和发展的。

（二）汽车保险的分类

汽车保险可以分为交强险和商业险。商业险又包括主险和附加险两个部分。

1. 交强险

交强险是强制性险种，机动车必须购买才能够上路行驶、年检、上户，且在发生第三者损失需要理赔时，必须先赔付交强险再赔付其他险种。

2. 商业险

① 商业险主险包括车辆损失险、第三者责任险、车上人员责任险、全车盗抢险。

② 商业险附加险包括玻璃单独破碎险，车身划痕损失险，车辆停驶损失险，自燃损失险，新增设备损失险，发动机进水险、无过失责任险，代步车费用险，不计免赔率特约条款，车上货物责任险等多种险种。

其中附加险不能独立保险。

知识点二：常用汽车保险险种介绍

常用的汽车保险有以下8种。

1. 交强险

交强险（全称机动车交通事故责任强制保险）是我国首个由国家法律规定实行的强制保险制度。《机动车交通事故责任强制保险条例》（以下简称《条例》）规定：交强险是由保险公司对被保险机动车发生道路交通事故造成受害人（不包括本车人员和被保险人）的人身伤亡、财产损失，在责任限额内予以赔偿的强制性责任保险。

2. 车辆损失险

该险种负责赔偿由自然灾害或意外事故造成的车辆自身的损失。这是车辆保险中最主要的险种。保与不保这个险种，需权衡一下它的影响。若不保，车辆碰撞后的修理费用得全部由自己承担。

3. 第三者责任险

该险种负责保险车辆在使用中发生意外事故造成他人（第三者）的人身伤亡或财产的直接损毁的赔偿责任。撞车或撞人是开车时最害怕的，自己爱车受损失不算，还要花大笔的钱来赔偿他人的损失。因为交强险在对第三者的医疗费用和财产损失上赔偿较低，在购买了交强险后仍可考虑购买第三者责任险作为补充。

4. 车上人员责任险

该险种负责保险车辆发生意外事故造成车上人员人身伤亡的赔偿责任。

5. 全车盗抢险

该险种负责赔偿保险车辆因被盗窃、被抢劫、被抢夺造成车辆的全部损失，以及其间由于车辆损坏或车上零部件、附属设备丢失所造成的损失。车辆丢失后可从保险公司得到车辆实际价值（以保单约定为准）的80%的赔偿。若被保险人缺少车钥匙，则只能得到75%的赔偿。

6. 车身划痕损失险

该险种主要是作为车损险的补充，能够为意外原因造成的车身划痕提供有效的保障。划痕险针对的是车身漆面的划痕，若碰撞痕迹明显，划了个口子，还有个大凹坑，就不属于划痕，而是属于车损险的理赔范围。

7. 玻璃单独破碎险

该险种负责车辆在停放或使用过程中，其他部分没有损坏，仅风挡玻璃单独破碎的损失。车身划痕损失和玻璃单独破碎均不属于车辆损失险，需要单独附加购买。

8. 不计免赔特约险

在同时投保了有不计免赔率的险种的基础上方可投保本保险。办理了本项特约保险的机动车辆发生保险事故造成赔偿，对其在符合赔偿规定的金额内按保险条款规定计算的免赔金额，保险公司负责赔偿。也就是说，办了本保险后，车辆发生相关损失，只要客户投保了不计免赔特约险对应的主险和附加险，损失全部由保险公司赔偿。

知识点三：汽车保险投保技巧

汽车保险投保可以使用以下 4 个技巧。

第一，从客户的实际需要出发制订保险方案。

除了国家强制规定购买的交强险，新车主还要根据实际需要购买一些必要的商业险种。例如，车辆防盗性较差，又经常停放于无人看管的停车场，则应投保盗抢险；车辆经常出入交通混乱的市场等地，容易剐蹭漆面，则应考虑投保划痕险；车辆不得不停放在建筑工地旁的停车场，时常有飞来的小石块，则应考虑投保玻璃单独破碎险；车辆经常使用人加上司机为 3 人，建议购买 1 个司机和 2 个乘客的车上人员责任险。

第二，要合理搭配险种和责任限额，做到保障充分。

如属于上下班代步微型车，可选择 10 万元或 15 万元限额的商业三者险。

第三，要巧用特约条款和风险调整系数，节约保费支出。

第四，要谨慎驾驶，避免多次理赔。

保险条款和费率规章中有"无赔款优待及上年赔款记录费率调整系数"，对上年或连续数年无赔款的，保费最大可优惠 30%。

保费的计算：目前我国各大保险公司的官网、微信公众号，以及各大汽车类网站上均有汽车保险的报价系统，销售顾问或车主只需要输入车辆信息和车主信息等基本信息，系统即会自动给出报价，方便快捷。各汽车 4S 店的保险经常会做活动，有一定的折扣，因此，销售顾问为客户计算保费时，会使用本汽车销售服务店本月的保险报价单，为客户进行车险保费的快速计算。

拓展知识：保险报价单（见表 9-3）

表 9-3　武汉××汽车销售有限公司×月保险报价单

车价	交强险	基本保险				附加保险				合计
		车辆损失险	第三者责任险（20万元）	全车盗抢险	车上人员责任险	自燃损失险	玻璃单独破碎险	车身单独划痕险	不计免赔特约险	
80000	950	1788	1314	209	150	96	152	400	549	5608
100000	950	2089	1314	610	150	120	190	400	592	6415
120000	950	2383	1314	708	150	144	228	400	636	6913
140000	950	2677	1314	806	150	168	266	400	680	7411
160000	950	2971	1314	904	150	192	304	400	724	7909
180000	950	3265	1314	1002	150	216	342	400	768	8407
200000	950	3559	1314	1100	150	240	380	400	812	8905
220000	950	3853	1314	1198	150	264	418	400	856	9403
240000	950	4147	1314	1296	150	288	456	400	901	9902
260000	950	4441	1314	1394	150	312	494	400	945	10400
280000	950	4735	1314	1492	150	336	532	400	989	10898
300000	950	4822	1314	1520	150	360	570	400	1002	11088
320000	950	5323	1314	1688	150	384	608	400	1104	11921

三、任务书

以小组为单位,学生进行分组练习,组内讨论,选取一名代表进行汇报。

任务描述:客户张先生,在 4S 店购买了一辆汽车(各小组车辆),顺便想在 4S 店里购买保险。张先生一家三口,用车环境为上下班代步,家里停车有地下车库,单位停车多在路边。

提问:您作为接待张先生的销售顾问,请为张先生制订一份保险方案,并算出保费(使用拓展知识中的保险报价单进行计算)。

四、考核评价

(一)考核评价的组成及占比

由三部分组成,包括:组内评价(30%)、小组互评(30%)、教师评价(40%)。

(二)评价标准

① 熟练程度;
② 任务的完成情况;
③ 可行性。

成绩:A / B / C / D

五、任务小结

学习内容为项目九中的任务四:汽车保险业务。通过学习汽车保险简介、常用汽车保险险种介绍和汽车保险投保技巧 3 个知识点和 1 个拓展知识,以及任务书的完成和评价,希望能够使同学们掌握汽车保险业务的基础知识和技巧,准确高效地开展汽车保险业务。

任务五　车辆上牌服务

教学目标

知识目标:

1. 了解新车上牌的流程;
2. 了解新车上牌所需的资料;
3. 了解车辆上牌的注意事项。

技能目标:

能够开展车辆上牌服务。

素质目标:

1. 有较强的沟通交流能力;
2. 有较强的理解判断能力;
3. 对工作有持续的热情。

汽车销售技巧

教学重难点

教学重点：
车辆上牌的流程。

教学难点：
车辆上牌服务工作的开展。

一、导入案例

车辆上牌服务有利于汽车销售服务店为客户提供更全面的服务，有利于拉近销售服务店与客户之间的距离，同时也为更好地掌握客户信息资料提供便利。

案例描述：客户李女士，在4S店里购买到心仪的汽车，李女士平时工作比较忙，希望4S店可以提供代办上牌服务，实现直接开车上路。

提问：您作为接待李女士的销售顾问，在代办上牌时需要让李女士提供哪些资料，您代办上牌的流程是什么？

通过同学们的回答，引出车辆上牌流程。

二、知识技能学习

知识点一：车辆上牌流程

车辆上牌流程按照工作内容可以分为以下9步。

（1）拍照

拍照的工作人员会根据车架号后四位设置好号码牌，放到车辆挡风玻璃右下角，然后给车拍照。

（2）拓印

拓印一般要在车管所检查区进行此步骤，有时候4S店也已经帮忙拓印了，但是要注意的是拓印的份数是否齐整，因为上牌的时候，需要2份发动机号和3份车架号的拓印。

（3）过线

所有自主品牌的车辆都属于免检车辆，非免检车则需要"过线"检测，包括动力、灯光、尾气、刹车方面的检测。

（4）刑侦

完成车辆拓印拿到拓印好的发动机号及车架号后，便可以到刑侦检验室填写刑侦验车资料采集表。填写好上述采集表后，把拓印号以及采集表上交给柜台的业务员录入资料，获得公安局刑侦验车通知书。

（5）验车

在验车区内，把整理好的资料交给在场的工作人员进行验车。为配合工作人员的验车工作，车主应该预先打开发动机舱盖，拆卸发动机隔热板。工作人员主要是检验车架号以及发动机号与资料上的数据是否一致。验车完毕，在工作人员处领一个号码牌到业务大厅等候。

（6）获得行驶证、机动车登记证书

完成选号后，工作人员会打印机动车领牌凭证，完成缴费。缴费后等待一段时间便可以获得行驶证、机动车登记证书。

（7）购买车船税

取得行驶证以及机动车登记证书后，复印一份然后到车管所相应的地方缴纳本年的车船税。

（8）牌照安装

拿着行驶证和机动车登记证书，待反光号牌制作好后，即可领取号牌并请工作人员进行安装。

（9）领取绿色环保标志

带齐相关资料(个人轿车需要行驶证、机动车登记证、车主的身份证三证原件，若车是公有的，则应带"行驶证"、"机动车登记证"、"企业机构代码证"或"企业营业执照"三证原件办理)免费领取。

注：不同地区的上牌流程可能会有一些差异，本流程是以武汉为例进行讲解，请以当地车管所公布的流程为准。

知识点二：车辆上牌需要的资料

车辆上牌需要车主提供7类资料。

（1）机动车所有人身份证明。

① 个人：身份证、外地户籍需提供有效期内的暂住证明（原件以及复印件）；

② 单位：组织机构代码证（原件及复印件）；

③ 经办人身份证明（身份证原件以及复印件、外地户籍还需提供有效期内暂住证原件以及复印件）；

④ 委托书（委托人加盖公章）。

（2）购车发票：发票注册登记联原件请粘贴在A4纸上。

（3）车辆购置税完税证明或免税证明（税证副页原件请粘贴在A4纸上，所有人姓名面朝上）。

（4）机动车交通事故责任强制保险凭证（公安交管部门留存联原件）。

（5）车船税纳税或者免税证明（如交强险内已包含则不需提供）。

（6）国产车：机动车整车出厂合格证明原件（请自留复印件以便领取环保标志）；进口车：进口机动车进口凭证原件（货物进口说明书以及车辆一致性证书）。

（7）机动车查验表。

注：不同地区车辆上牌所需要的资料可能会有一些差异，本内容是以杭州为例进行讲解，请以当地车管所公布的资料要求为准。

知识点三：车辆购置税纳税流程和所需资料

（一）纳税流程

纳税流程分三步完成。

第一步，递交申报表，领取缴税通用完税证第二、第三联；

第二步，刷卡，缴税凭证第二联经银行盖章；

第三步，领取车辆购置税完税证明。

（二）纳税所需资料

纳税需要车主提供以下4类资料。

① 车主身份证复印件（单位提供组织机构代码证复印件）；

② 机动车销售统一发票联（第一联）复印件；

③ 发票报税联（第三联）原件；

汽车销售技巧

④ 机动车合格证复印件（进口车需提供货物进口证明书、进口机动车辆随车检验单复印件）。

注：不同地区车辆购置税纳税流程和所需资料可能会有一些差异，本内容是以杭州为例进行讲解，请以当地车管所公布的流程和资料要求为准。

知识点四：代办上牌的注意事项

① 向客户索取完整的资料，避免遗漏影响上牌业务正常开展；
② 在条件允许的情况下，尽量由客户驾驶车辆；
③ 让客户进行资料交接签字确认，做到有所依据。

配套表格：

本环节有一个配套表格："委托书"（见表9-4）。

（1）表格使用目的

主要是帮助销售顾问、车辆上牌员等在对客户车辆进行代缴购置税、办理牌照、购买保险、年检、过户等汽车延伸服务工作时，避免出现不必要的纠纷，以授权的形式区分责任。

（2）表格填写

销售顾问、客户填写，单一客户一张表格。

表格使用复写联，客户、销售顾问、汽车上牌员各一联。

表 9-4 委托书

委托书
委托人（车主）：_____ 身份证号：_____ 电话：_____
车型：_____ 颜色：_____ 车架号：_____ 发动机号：_____
兹委托_____（销售服务店）指派相关人员协助本人办理以上指定车辆相关事宜：（委托项目在"□"内打"√"；否则打"×"）。
□缴纳购置税　预支费用：_____元人民币（多退少补，以发票为准。特殊情况可说明）：
□办理牌照　预支费用：_____元人民币（多退少补，以发票为准。特殊情况可说明）：
□购买保险　预支费用：_____元人民币（多退少补，以发票为准。特殊情况可说明）：
（指定保险公司：_____。投保年限：_____。
投保项目：_____）
□年检　预支费用：_____元人民币（多退少补，以发票为准。特殊情况可说明）：
□过户　预支费用：_____元人民币（多退少补，以发票为准。特殊情况可说明）：
本人声明：
1. 以上委托项目实际所发生全部费用均由本人承担。
2. 委托代办年审代办费用不包括车辆维修养护及其他额外发生的费用。
3. 本人允许_____销售服务店及相关人员对指定车辆进行移动。如因意外造成车辆损伤情况下，被委托人只承担合理修复部分。但免于承担由此所造成的其他损失。
特此委托。
委托人（车主）：_____
年　月　日

三、任务书

以小组为单位，学生进行分组练习，组内讨论，选取一名代表进行汇报。

任务描述：

客户李女士，在4S店里购买到心仪的汽车，李女士平时工作比较忙，希望4S店可以提供代办上牌服务，实现直接开车上路。

提问：您作为接待李女士的销售顾问，在代办上牌时需要让李女士提供哪些资料，您代办上牌的流程是什么？

四、考核评价

（一）考核评价的组成及占比

由三部分组成，包括：组内评价（30%）、小组互评（30%）、教师评价（40%）。

（二）评价标准

① 熟练程度；
② 任务的完成情况；
③ 可行性。

成绩：A ／ B ／ C ／ D

五、任务小结

学习内容为项目九中的任务五：车辆上牌服务。通过学习车辆上牌流程、车辆上牌需要的资料、车辆购置税纳税流程和所需资料以及代办上牌的注意事项4个知识点，以及任务书的完成和评价，希望能够使同学们掌握车辆上牌的流程和注意事项，准确高效地开展车辆上牌服务。

项目十 递交新车

 项目简介

本项目主要介绍了交车前的准备工作，车辆交接的流程和工作标准。通过对递交新车知识和技能的学习，可以帮助学生们培养良好职业技能和职业素质。

 教学环境

汽车营销实训室：包括移动教室、电脑、投影仪、接待台、谈判桌、展车、汽车4S店展厅各功能区等。

 学习引导

本项目学习可以采用以下顺序：
导入案例——知识技能学习——任务书——考核评价——任务小结

任务一 交车前的准备

 教学目标

知识目标：
1. 能够正确说明交车区设置标准；
2. 能够正确说明交车预约及准备。

技能目标：
1. 能够准确地设置交车区；

2. 能够准确开展交车预约及准备工作。

素质目标：
1. 有较强的观察和执行能力；
2. 有较强的理解判断能力；
3. 对工作有持续的热情。

教学重难点

教学重点：
设置交车区。
教学难点：
交车预约及准备工作。

一、导入案例

案例描述：客户李先生，在 4S 店订了一辆车，和销售顾问约定好今天到店里提车。
提问：您作为接待李先生的销售顾问，需要为今天的交车做哪些准备工作？
通过同学们的回答，引出交车区设置标准。

二、知识技能学习

知识点一：交车区设置标准

交车应该有专门的交车区域。交车时是客户最兴奋的时候，一个特别布置的交车场地，有利于营造交车氛围，带给客户更多的感动与更高的满足感。

交车区设置标准可以遵循以下 4 点。

① 在展厅设置以品牌文化墙为背景的开放式新车交车区，品牌文化墙大小、内容等应符合《品牌经销店形象建设标准手册》；
② 品牌文化墙展示汽车品牌文化、历史及产品宣传照片、交车照片等；
③ 交车区内停放待交车辆，其他车辆不得停放；
④ 设定明确的交车区标识，符合《品牌汽车经销商形象建设标准手册》。

知识点二：交车预约及准备

（1）交车前 3 日电话预约及提醒，并记录。

没有买过车的客户大多认为交钱提车就可以了，但是经销商交车是有流程和时间的。为了避免客户喜悦的心情由于时间的拖累而感到急躁，产生不满，所以销售顾问要做好提前告知客户，并征得客户同意的抗拒预防动作。销售顾问事前要给客户打电话，告诉客户交车流程和相关事项，在交谈中获取客户对交车仪式的期望，确认客户对交车是否有特定要求，然后根据客户需求准备相应的交车仪式。

话术示范："××先生，您好！您的车正在运往我们店的途中，将在××日抵达。交车前，我们的技术人员会先确认车况完好，让您能够无忧驾驶。我想问一下您什么时候方便过来交车？周五或周六方便吗？早上还是下午？上次我提过希望您能安排出一个半小时的时间，这样我就能详细地向您讲解如何操作车辆的各种配置。这款轿车与您先前开过的车可能在一些小细节上不尽相同，我不希望这些小地方妨碍您获得最佳的驾驶体验，您看您的时间可以吗？"

（2）交车前 1 日电话预约及短信提醒，并记录。

电话内容客户容易忘记，再补上一条短信提醒，更显专业和贴心，提升客户满意度。在结束电话后,再次用短信的方式通知客户交车时间、交车流程、所需时间及注意事项。

话术示范:"××先生,您明天过来提车,您需要带上订单、订金收据、车主身份证。另外您的购车余款还有×××,我们公司支持支票支付和刷卡支付,建议您用刷卡支付。上次和您提到希望能有一个半小时的交车时间,方便您更好地熟悉您的车辆,避免一些小细节的操作不熟悉影响了您的驾驶感受。除了全面的讲解,我们为您提供售后服务介绍……希望您安排出足够的时间。"

(3)展厅门口设置交车预约牌或者引导牌。
(4)清洗车辆,保证车辆内外美观整洁。
(5)车内地板铺上保护纸垫。
(6)车上设备工具检查。
(7)新车油箱内汽油适量。

三、任务书

以小组为单位,学生进行分组练习,组内讨论,选取一名代表进行汇报。

任务描述:

客户李先生,在4S店定了一辆车,和销售顾问约定好今天到店里提车。

提问:您作为接待李先生的销售顾问,需要为今天的交车做哪些准备工作?

四、考核评价

(一)考核评价的组成及占比

由三部分组成,包括:组内评价(30%)、小组互评(30%)、教师评价(40%)。

(二)评价标准

① 熟练程度;
② 任务的完成情况;
③ 可行性。

成绩: A / B / C / D

五、任务小结

学习内容为项目十中的任务一:交车前的准备。通过学习交车区设置标准、交车预约及准备2个知识点,以及任务书的完成和评价,希望能够使同学们掌握交车前的准备工作,准确高效地做好交车前的准备工作。

任务二　喜悦交车

教学目标

知识目标:

1. 能够熟知车辆交接流程;

项目十　递交新车

2. 能够熟知交车服务的工作标准。

技能目标：
1. 能够使用正确车辆交接流程进行交车；
2. 能够使用工作标准开展车辆交接服务。

素质目标：
1. 有较强的沟通交流能力；
2. 有很强的服务意识；
3. 对工作有持续的热情。

教学重难点

教学重点：
车辆交接流程。

教学难点：
交车服务的工作标准。

一、导入案例

案例描述：客户李先生，在4S店订了一辆车，和销售顾问约定好今天到店里提车。
提问：您作为接待李先生的销售顾问，今天的交车应该遵循怎样的流程呢？
通过同学们的回答，引出车辆交接流程。

二、知识技能学习

知识点一：车辆交接流程

车辆交接按照工作内容大致分为以下五步。
① 交车客户接待；
② 费用说明及文件交付；
③ 车辆验收与操作说明；
④ 举行交车仪式；
⑤ 与交车客户道别。

知识点二：交车服务的工作标准

按照交车服务的工作内容，对车辆交接流程中各环节制定工作标准。

（一）交车客户接待环节

交车客户接待环节一般遵循2条工作标准。

（1）销售顾问预先到门口迎接交车客户。

客户一般会认为销售顾问在交车的时候不会像买车前一样对待他，如果销售顾问提前10分钟到门口微笑迎接，让客户享受被尊重的感觉，客户满意度就会大幅度提高。

话术示范："××先生，您好。欢迎您来参加今天的热情喜悦交车仪式。我们已经遵照您的需求将您的新车准备好了，咱们现在一起去看一下吧。"

（2）将所有文件全部放入专用交车袋中，以免文件丢失。

（二）费用说明及文件交付环节

费用说明及文件交付环节一般遵循9条工作标准。

（1）利用"汽车销售合同"说明各项购车费用。

在交车仪式前销售顾问将所有的细节全部仔细地和客户叙述一遍，逐一说明并确认每个细项都无误，以免产生纠纷。

话术示范："张先生，还有一些细节和您沟通一下，主要也是为了确保所有手续都尽可能透明，当然我也很乐意再为您计算一遍车辆的相关费用：①车辆余款……②保险费用……③购置税……④精品费用……合计是×××。张先生，非常感谢您。您是付全款还是预付定金？现金还是银行卡？好的，请和我一起去收银处。"

（2）利用相关手续及费用清单说明其他相关费用。

客户在提车的时候是最开心的时候，销售顾问要让客户更开心，不要在一些细节上出问题，因此销售顾问要仔细地解释各种费用清单。

（3）销售顾问跟踪确认客户余款缴纳情况。

（4）向客户介绍服务部门，并引荐售后服务顾问。

带领客户去服务部认识服务顾问，顺便让客户了解日后保修进场时该如何与服务顾问接洽保修车辆，以免客户日后回场保修时不知所措。

话术示范："××先生，除了刚才提到的一些用车的小心得，我还想为您介绍一位我们这里的资深服务顾问，让他再给您提供一些具体的用车建议，您看可以吗？"

"××先生，这位是我们的资深服务顾问×××，在店里工作已经×××年了，与我们整个服务团队一样，他在汽车维修保养方面经验很丰富。"

"×××，这位是我们的新车主××先生。"

（5）由服务顾问递交名片和救援联系方式。

（6）利用"保养手册"解释车辆检查和保养周期及其重要性。

客户不一定都有用车经验，所以在这个时候一定要仔细地向客户说明车辆检查项目和保养周期，尽到提前告知的义务。

（7）利用"保修手册"说明车辆保修内容和范围，及三包政策。

（8）利用相关书面资料介绍品牌汽车的售后服务网络以及服务体系。

（9）清点并移交车辆文件以及车辆钥匙。

（三）车辆验收与操作说明环节

车辆验收与操作说明环节一般遵循4条工作标准。

（1）利用"交车检验表"用简单易懂的语言进行车辆说明。

客户不一定都有用车经验，所以在这个时候一定要根据客户的用车经验多寡，详细或有偏向性地向客户进行车辆说明，尽到提前告知的义务。

话术示范："××先生，我带您进行车辆内外部的检车。首先，我们从侧面进行外观环检，看一看漆面和玻璃；其次，打开后备箱查看工具和备胎；最后，我们看看座椅。您看，车辆工具齐全，设备完好。感谢您的配合，请您在新车交付确认单上签署您的名字，证明您已经确认过车辆。"

"××先生，请您坐进新车，咱们一起调节一下座位、后视镜和方向盘位置。好的，我坐在副驾驶，为您介绍空调、音响、导航等配置。"

"××先生，对于您的新车配置和功能，我还能再说上一小时，不过我想您一定很想马上开车试试，现在还有需要我马上澄清的问题吗？要不，像以前说的一样，欢迎您随时给我打电话，或者路过时进来喝杯茶。"

(2) 利用"用户手册"介绍如何使用新车，并由销售顾问进行功能使用的现场演示。

(3) 利用"安全注意事项"进行安全说明。

(4) 与客户核对"交车检验表"，请客户签名确认。

为了避免未来不必要的麻烦，一定要请客户签字，并好好保留；请客户进行外观环检让客户测试车辆设备；让客户在相应位置打钩确认，没有提供的内容打叉；请客户填写名字，如果是他人代交车，需要与车主确认并取得许可（最好有交车委托书书面证明）；签好日期和交车时间。

（四）举行交车仪式环节

举行交车仪式环节一般遵循3条工作标准。

（1）营造热情氛围，介绍销售经理、服务经理或其他管理人员。

这是一个转折点，由理性交车转为感性交车的信号。在厘清并移交完相关的文件及车钥匙之后，销售顾问要立刻创造出一个感性的氛围。因为客户今天来提车，他的感觉是非常好的，所以工作人员可以播放喜庆或欢快的音乐，并可以用广播祝贺交车表达公司对客户的重视。

买车的时候主要都是销售顾问和客户接触，而此时，经销店高一层级的领导来和客户接触，客户会非常感动。因为很多客户都担心买完车后没人理睬了，而此时经销店更多的人来关怀他，客户对于经销店的印象就更加好了，增强了客户的归属感。

（2）向客户赠送鲜花，并与新车合影留念。

（3）在客户上车前拿掉售后三件套请客户上车。

（五）与交车客户道别环节

与交车客户道别环节一般遵循6条工作标准。

（1）确认客户可接受的售后跟踪和联系方式。

（2）告知客户就近加油，指明具体位置。

经销店给新车加的油量有限，如果刚刚开出去还没有到加油站就没油了，客户原本开上新车的兴奋就会转化为不满；销售顾问可以明确告知客户，新车油量有限，请客户离开经销店先去最近的加油站加油，并指示客户最近的加油站在什么位置（建议，经销店可制作最近加油站路线指示图提供给客户）。若道路难以指示说明，销售顾问可陪同客户前往。

（3）确认客户没有其他疑问或需求。

（4）送别客户，挥手送客户驾车离开。

在最后和客户的接触过程中销售顾问仍然保持专业，延续创造客户热情；挥手和客户告别，直到看不到客户的车子，销售顾问再回展厅。

（5）预估客户到达目的地的时间，致电确认到达并发感谢短信。

此时致电客户，主要是为了延续客户的热情，如果客户买车后我们还能与他保持高密度的联系，那么客户的热情也会延续很长一段时间，有利于他成为我们的忠实客户；发短信可以做到锦上添花，提升客户对我们的满意度，加大转介绍的概率。

话术示范："××先生，谢谢您今天抽出宝贵的时间来听我们讲解。我们很高兴您能满意驾驶这辆新车，也感谢您能成为我们汽车的尊贵客户。您在使用过程当中有任何问题可以随时联系我们。为了方便电话联系，我为您提供一些常用的电话。售后服务电话×××、24小时救援电话×××。"

（6）准确填写"保有客户信息卡"信息。

汽车销售技巧

配套表格：

本环节有两个配套表格："交车检验表""保有客户信息卡"。

1. 交车检验表（见表10-1）

（1）使用目的

为车辆交接的检查项目提供指导，同时也为车辆完好交接提供凭证。

（2）填写人

销售顾问、库管员填写、提车客户。

（3）填写频次

单一车辆一张表格。

表 10-1　交车检验表

交车检验表

1. 验车架号码：☐☐☐☐☐☐☐☐☐☐☐☐☐☐☐☐☐
2. 发动机号码：☐☐☐☐☐☐☐☐☐☐☐☐☐
3. 检验日期：☐☐☐☐　☐☐　☐☐
4. 检验车型：_____
5. 检验内容：

检验内容	状况		检验内容	状况	
	正常	非正常		正常	非正常
外表			空调		
油漆，车身			驻车制动		
发动机室			座椅调节		
发动机盖的开启及保险钩			空档安全启动开关		
发动机冷却液、发动机机油			内饰		
动力转向油			门板内饰、车顶饰板		
制动液、风窗清洁液、电池			座椅、安全带、仪表板		
发动机机室其他附件			方向盘及操纵机构罩，手套箱		
电器部分			开关及组合开关面板		
仪表指示、远光灯及变光			车底部（可视部分）		
转向灯			发动机、变速箱、悬挂		
尾灯、制动灯、警告灯、倒车灯			汽油箱及油管		
雾灯、室内灯			转向机构、排气机构		
音响系统（喇叭、收音机、CD）			制动系统及其油管		
电动门窗、中央锁控			行李箱		
雨刮器及喷水装置			随车工具、备胎行李箱		

经本人检验确认本车一切正常，符合《汽车销售合同》要求，同意办理上牌手续！
用户签名：_____　销售顾问签名：_____　检验日期：_____

6. 手续移交：

随车文件：说明书：　　有（　），无（　）　　保修卡：　有（　），无（　）
　　　　　附加费证：　有（　），无（　）　　车辆票证：有（　），无（　）
随车配件：工具：　　　有（　），无（　）　　千斤顶：　有（　），无（　）
　　　　　备胎：　　　有（　），无（　）　　轮心盘：　有（　），无（　）
　　　　　点烟器：　　有（　），无（　）　　车匙2把：有（　），无（　）

提车人签名：_____　销售顾问签名：_____　S/A 签名：_____　主管签名：_____　交车日期：_____

项目十　递交新车

2. 保有客户信息卡（见表 10-2）

（1）使用目的

掌握客户信息、车辆信息资料，以及客户对车辆的使用习惯等，为后期销售服务店的售后回访及维修服务提供保证。

（2）填写人

销售顾问，单一客户一张表格。

（3）填写频次

客户交款开发票时销售顾问根据得到本日的销售序号编写本卡档案号。顾客提车时请顾客详尽填写本卡。

表 10-2　保有客户信息卡

保有客户信息卡

车牌号：　　　　　　　　　　　　　　　　档案号：

车主信息						
车主姓名（公司名称）		生日（创立日）		身份证号码（组织机构代码）		
联系地址：			联系电话：		工作单位：	
变更地址：			联系电话：			
车辆使用者：			联系电话：			
方便拜访场所		□住所　□公司　□维修站　□其他				
方便拜访时间		□上午　□下午　□晚上			时　　分	

相关信息							
购买类型		付款方式		家庭情况			
□新购	□换购	现　金：		姓名	称谓	出生日期	职业
□增购	□其他	分期：	贷款银行：				
客户来源			按揭年限：				
			起始时间：				

车辆信息			
车型		牌照价格	
车辆售价		装潢项目	
车架号			
发动机号		上牌服务费	
生产日期		年审时间	
交车日期		保险费用	
颜色		保险公司	
主钥匙密码		保险时间	
音响 PIN		保险项目	

车辆使用情况	
车辆主要用途	
月里程	
节假日用车	

127

续表

客户推介情况					
推介次数	推介客户名称	所购车型	购车数量	购车时间	备注
第一次					
第二次					
第三次					
回访（强制回访）					

第一次回访	车辆使用情况：		客户意见：
	回访方式：	责任人：	回访时间：
第二次回访	车辆使用情况：		客户意见：
	回访方式：	责任人：	回访时间：

制表：　　　　　　　　　　　审核：　　　　　　　　　　时间：

三、任务书

以小组为单位，学生组内讨论，分别扮演销售顾问和客户进行递交新车练习。

任务描述：

客户李先生，在 4S 店订了一辆车，和销售顾问约定好今天到店里提车。

任务要求： 在递交新车过程中，请按照车辆交接流程和交车服务的工作标准进行，并填写《交车检验表》和《保有客户信息卡》。

四、考核评价

（一）考核评价的组成及占比

由三部分组成，包括：组内评价（30%）、小组互评（30%）、教师评价（40%）。

（二）评价标准

① 熟练程度；

② 任务的完成情况；

③ 可行性。

成绩： A / B / C / D

五、任务小结

学习内容为项目十中的任务二：喜悦交车。通过学习车辆交接流程、交车服务的工作标准 2 个知识点，以及任务书的完成和评价，希望能够使同学们掌握车辆交接的流程、方法、技巧和工作标准，高规格地开展喜悦交车工作。

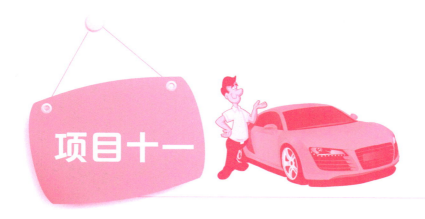

项目十一　客户关怀

项目简介

本项目主要介绍了汽车售后跟踪服务的工作标准、注意事项，客户投诉处理的原则、工作流程、工作标准及技巧。通过对客户关怀知识和技能的学习，可以帮助学生们培养良好职业技能和职业素质。

教学环境

汽车营销实训室：包括移动教室、电脑、投影仪、接待台、谈判桌、展车、汽车4S店展厅各功能区等。

学习引导

本项目学习可以采用以下顺序：
导入案例——知识技能学习——任务书——考核评价——任务小结

任务一　汽车售后跟踪服务

教学目标

知识目标：
1. 能够正确说明汽车售后跟踪服务的目的和内容；
2. 能够正确说明汽车售后跟踪服务的工作标准；

3. 能够正确说明汽车售后跟踪服务的注意事项。

技能目标：

能够正确使用工作标准进行汽车售后跟踪服务。

素质目标：

1. 有较强的观察和执行能力；
2. 有较强的理解判断能力；
3. 对工作有持续的热情。

教学重难点

教学重点：

汽车售后跟踪服务的内容。

教学难点：

汽车售后跟踪服务的工作标准。

一、导入案例

案例描述：客户张女士，今天在 4S 店提取新车。

提问：您作为接待张女士的销售顾问，会如何开展售后跟踪服务，您会在什么时间发出第一条短信，打出第一个电话呢？

通过同学们的回答，引出汽车售后跟踪服务的简介。

二、知识技能学习

知识点一：汽车售后跟踪服务简介

（一）汽车售后跟踪服务的概念

汽车售后跟踪服务指汽车作为商品售出后由服务商为客户及其拥有的汽车提供的全过程、全方位的服务。常见的汽车售后跟踪服务包括车辆调试、车辆保养、车辆维修、提供零配件和安全提醒等。

（二）汽车售后跟踪服务的目的

通过系统的后续跟踪回访服务，促使客户感觉购买某汽车产品之后，如同进入一个新的家庭。销售服务店无微不至的关怀，再次加强某汽车销售服务店在客户心中的地位。因此，汽车售后跟踪服务有两个目的。

① 与顾客建立持续发展的关系；

② 通过老顾客开拓业务、促进销售。

知识点二：汽车售后跟踪服务的工作标准

汽车售后跟踪服务按照服务内容划分，可以制定出 5 大类工作标准。

（一）向客户表示感谢

该项服务由销售顾问执行，建议在两个关键时间执行。

关键时间 1：关键 2 小时感谢

一般建议交车后 2 小时销售顾问给客户发感谢短信，并确认客户抵达目的地。在交车后给客户发感谢短信，可以让客户的喜悦之情更加持久一些，更重要的是销售顾问在确认客户车辆使用情况之后，一定要做好"请客户转介绍"的动作。

项目十一 客户关怀

话术示范："××先生，您好。我是今天给您交车的销售顾问×××，非常感谢您在我店购买×××型北京汽车。这是我的联系电话，您有需要帮助的时候，可以随时联系我。您忠实的销售顾问×××。"再打电话："××先生您到家了吧？祝您用车愉快。"

关键时间2：关键5日感谢

一般建议交车后5日电话致谢，确认客户车辆使用情况。

话术示范："××先生，您好。我是××汽车×××经销店的销售顾问×××。您现在的车子使用情况怎么样？如果有问题请您随时联系我。感谢您对我们工作的支持和参与。"

（二）主动关怀客户

关怀客户可以分为常规关怀和非常规关怀。

1. 常规关怀，由销售顾问执行

客户在购车后，销售服务店可以每3个月进行一次客户关怀联系，多用短信、互联网的方式，拜托客户提供介绍情报，打听客户增购意向。

老客户价值的再开发效率是远远大于新客户开发的，因此销售顾问需要与客户维系日常的沟通联系，维系与客户的感情，通过感情的维系，让客户把销售顾问当成好朋友，进而愿意提供周边购车意向客户信息；同时，老客户的口碑传递，也是对汽车品牌的最好宣传。

沟通内容以介绍销售服务店最新销售、服务、车友会信息、提醒用车注意事项等关怀性质开头，最后需要拜托客户提供情报，并致以感谢和问候。

常见常规关怀列举如下：

（1）客户用车生活关怀

话术示范："×先生，您好，最近天气比较热，您外出时一定记着带一些饮品，避免口干舌燥。此外，及时关注天气预报，如有大雨天气尽量采用其他交通工具。行驶时，尽量避免行驶在低洼或者水深较大的区域。"

"×先生，您好。不知不觉已经三个月了。您的车开得不错吧？不过新车使用也需要定期保养。本品牌汽车的保养周期是×××，建议您提前预约，或者我帮您预约一下，有什么保养方面的问题欢迎您随时来电咨询。您忠实的销售顾问×××"。

（2）节假日关怀

话术示范："×先生，您好。又逢金秋时节的来临，祝您国庆节愉快。在此佳节出行是个不错的选择，祝您这七天玩得愉快。如果您出行还没选择好目的地，我公司目前正在举行回馈老客户活动，您可以到店参加免费换机油活动，帮助您保养爱车。您忠实的销售顾问×××。"

（3）老客户转介绍拜托

话术示范："尊敬的×先生，您好。现在我们公司正在进行老客户介绍新客户回馈活动，无论成功与否，只要您介绍的朋友来店看车，您都会获得一份神秘礼品。我们期待您和您的朋友的到来。您忠实的销售顾问×××。"

"×先生，您好。感谢您选择卡罗拉这款轿车，也希望卡罗拉给您带来更多的惊喜。今年，我们为了回馈老客户提供了一些客户推荐奖励方案，这能让我们有机会为您和您的朋友提供更多的贴心服务。您忠实的销售顾问×××"。

2. 非常规关怀，由销售顾问执行

常见非常规关怀列举如下：

131

（1）在客户生日当天发送祝贺短信

话术示范："×先生，您好。在这个属于您的精彩日子里，送上我最诚挚的祝福，祝您生日快乐！愿您生活如意，工作顺利，用车愉快！您忠实的销售顾问×××"。

（2）在恶劣天气前一天用短信提醒客户注意事项

话术示范："×先生/女士，您好。明天天气……请您做好用车准备，如遇到深涉水时，请先谨慎检查涉水深度是否可以通过。销售顾问×××"。

（3）在重大事件发生时（如高考等）提醒客户注意行车细节

话术示范："×先生，您好。明天是高考的日子，为了给广大考生创造出一个良好的高考环境，请您在途经考场周边时不要鸣笛，感谢您的大力支持，在此也预祝您的亲戚或子女高考顺利，谢谢。销售顾问×××"。

（4）在有限行通告前一天用短信提醒客户注意避让

话术示范："××先生，明天接通知限行……我们敬请您关注并祝您用车愉快。销售顾问×××"。

（三）主动解决客户用车问题

该项服务由销售顾问执行。

当客户用车一段时间后，一般建议3个月，销售顾问可以主动询问客户车辆的使用情况，积极主动地解决用车问题。如果客户对车辆或服务有抱怨，需要及时登记《客户抱怨处理表》。

话术示范："×先生，您好。我是别克汽车×××经销店销售顾问×××，您的车使用情况还好吧？那一天交车时间比较短，您看还有哪些功能使用起来不太顺手的，您告诉我，我哪天登门给您再说说。"

（四）及时通知客户进行车辆保养

该项服务由销售顾问、客户管理员执行。

销售顾问一般在客户用车3周时间的时候，对客户进行首次保养提醒；客户管理员一般在客户用车一个半月左右的时候，对客户进行首次保养预约，均可以采用电话、拜访的方式进行。

（五）对战败客户进行回访

该项服务的开展是为了了解销售失败原因，由销售顾问、客户管理员执行。

销售顾问和客户管理员对战败客户进行随机回访，销售顾问了解客户购买其他品牌和选择其他销售服务店的原因，为销售失败寻求原因；客户管理员了解销售失败的原因，监督销售顾问的销售服务质量。

知识点三：汽车售后跟踪服务的注意事项

汽车售后跟踪服务有以下7项注意事项。

① 在开展售后跟踪服务时，跟踪服务执行人需要做好联系客户的准备工作，包括查阅客户基本信息和车型信息，尤其是客户档案中记录的任何投诉或索赔内容；

② 在和客户进行联系时，跟踪服务执行人要主动告知客户销售服务店的名称和自己的岗位、名字；

③ 在和客户寒暄后明确告知客户电话或拜访的原因，并确认客户是否有时间进行交谈，如果客户忙，可以预约下次时间；

④ 与客户建立长期友好的关系，同时介绍销售服务店最新销售、服务、车友会信息，

项目十一　客户关怀

并了解客户周边的新增意向客户资源；

⑤ 客户对车辆或服务如果有抱怨，及时登记"客户抱怨处理表"，对客户的投诉处理要及时，不要承诺无法办到的事情；

⑥ 通过与客户的再次沟通，对客户的信息资料定期进行检查和更新；

⑦ 销售顾问和客户管理员开展的所有售后跟踪服务都要详细记录在"客户信息卡"上，做归档保存，以便销售服务店下次跟踪时能查阅到客户最新信息。

配套表格：

本环节有一个配套表格："客户回访表"（见表 11-1）。

（1）表格使用目的

"客户回访表"的使用，主要是记录客户管理员的日常回访工作。

（2）表格填写

销售服务店客户管理员填写，单一客户一张表格。

表 11-1　客户回访表

回访（关系维系）		
第一次回访时间：	车辆使用情况	
	客户意见	
第二次回访时间：	车辆使用情况	
	客户意见	
第三次回访时间：	车辆使用情况	
	客户意见	
第四次回访时间：	车辆使用情况	
	客户（意见）近况	
第五次回访时间：	车辆使用情况	
	客户（意见）近况	
第六次回访时间：	车辆使用情况	
	客户（意见）近况	

三、任务书

以小组为单位，学生进行分组练习，组内讨论，分别扮演销售顾问和客户进行练习。

任务描述：

客户张女士 / 先生，今天在 4S 店提取新车。请各小组开展售后跟踪服务，做好跟踪服务计划，并填写"客户回访表"。

四、考核评价

（一）考核评价的组成及占比

由三部分组成，包括：组内评价（30%）、小组互评（30%）、教师评价（40%）。

（二）评价标准

① 熟练程度；

② 任务的完成情况；

③ 可行性。

成绩：A ／ B ／ C ／ D

五、任务小结

学习内容为项目十一中的任务一：汽车售后跟踪服务。通过学习汽车售后跟踪服务的概念、工作标准、注意事项 3 个知识点，以及任务书的完成和评价，希望能够使同学们掌握汽车售后跟踪服务的工作标准和注意事项，准确地开展汽车售后跟踪服务。

任务二　客户投诉处理

教学目标

知识目标：
1. 了解客户投诉处理的意义；
2. 了解客户投诉处理的原则；
3. 了解客户投诉处理的流程和工作标准；
4. 了解客户投诉处理的工作标准；
5. 了解客户投诉处理的技巧。

技能目标：
1. 能够使用客户投诉处理原则进行客户投诉处理；
2. 能够使用客户投诉处理流程和工作标准进行客户投诉处理；
3. 能够使用客户投诉处理工作标准进行客户投诉处理；
4. 能够使用客户投诉处理技巧进行客户投诉处理。

素质目标：
1. 有较强的沟通交流能力；
2. 有很强的服务意识；
3. 对工作有持续的热情。

教学重难点

教学重点：
1. 客户投诉处理的流程。
2. 客户投诉处理的技巧。

教学难点：
客户投诉处理的工作标准。

一、导入案例

案例描述：客户张女士，上个月到店购买了一辆汽车，车辆使用了一段时间后，张女士发现车辆在提速时感觉动力有迟滞现象，提速效果不是很理想。

提问：您如何看待张女士提出的投诉行为呢？您作为接待张女士的客服人员，将如何处理张女士的投诉呢？

通过同学们的回答，引出客户投诉处理的意义。

二、知识技能讲解

知识点一：客户投诉处理的意义

随着客户维权意识的逐渐增强，汽车4S店接到的客户投诉也越来越多，作为典型的买方市场，汽车客户对于汽车企业的重要性和影响是非常大的。因此，客户投诉处理的意义重大，主要体现在两个方面。

① 可以使企业开创新的商机；
② 可以使企业获得再次赢得客户的机会。

知识点二：客户投诉处理的原则

在处理客户投诉时，汽车销售服务店一般遵循以下8个原则。

① 对于确实是企业方的过失，要详尽了解，向车主道歉。

建议4S店除向客户诚挚道歉以外，马上根据客户的时间安排返修，并承担相关的费用。

② 让车主觉得自己是个重要的客户。

在处理客户投诉时，可以邀请客服总监、部门经理、技术总监，乃至总经理出面进行协调，让车主感觉受到重视。

③ 注意心理换位，把自己置身于车主的处境来考虑问题。
④ 让车主倾诉自己的怨言。
⑤ 时间不能拖延，要及时处理，否则问题会越变越严重。
⑥ 对车主的误会，应有礼貌地指出，让车主心服口服。

对于非企业方造成的问题，客服人员可以从三个方面着手进行应对。首先，应该耐心向客户作出解释，解释时注意不要伤及客户的感情；其次，可以建议客户对车辆存在的问题进行免费检查，并在征得客户同意的前提下，进行检修；最后，收费时可以适当优惠或对工时费予以减免。

⑦ 解释的时候不能委曲求全。
⑧ 感谢客户让你知道他的意见。

知识点三：客户投诉处理的工作流程

如图11-1所示，大部分汽车品牌4S店中的投诉处理分三个层次，第一层：客服总监、服务顾问、电话回访员；第二层：客服总监、部门经理、技术总监；第三层：客服总监、总经理。客户投诉处理的工作流程如图11-1所示。销售服务店接到客户投诉，可能是电话回访员在回访时客户反映了问题，也可能是服务顾问在接待客户时客户反映了问题，又或者是客户直接投诉给客服总监，只要接到客户投诉，第一时间填写"客户抱怨处理表"，真实记录客户投诉并交由相关责任人进行处理。如果第一层处理获得客户满意，则第二层处理和第三层处理不再进行。当投诉处理获得客户满意后，销售服务店应该做出纠正（预防）措施，由督察组跟进保证持续改进，并对该次客户投诉存档，以备后期资料查询。

知识点四：客户投诉处理的工作标准

客户投诉处理一般遵循以下6项工作标准。

1. 注意倾听

让客户充分表达不满和抱怨，客户表达的过程也是客户纾解的过程，客户表达的过程中客服人员要始终保持积极倾听的态度。

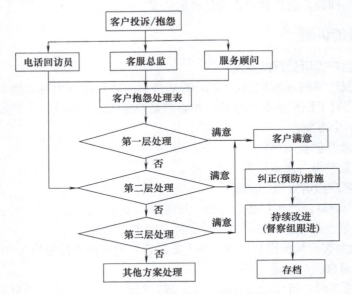

图 11-1　客户投诉处理的工作流程

2. 冷静分析

充分了解了客户的不满和抱怨后，客服人员要进行冷静的分析，找出问题的根本原因。

3. 找出解决方案

客服人员清楚了引起客户的不满和抱怨的原因后，如果是汽车销售服务店方的原因，客服人员应该向客户表示抱歉，并积极寻找解决方案和处理责任人。

4. 化解不满

客服人员对客户的问题进行处理，或者转交给其他责任人进行处理，第一接待人要全程跟踪问题处理的进展，保证引起客户不满的问题全部得到解决，以化解客户的不满。

5. 采取适当的应急措施

6. 检讨结果

知识点五：客户投诉处理的技巧

客户投诉处理可以采用以下 6 个技巧。

① 以礼貌的态度听取车主的意见，并单独请到房间，以免干扰其他车主，扩散影响；

② 对车主提到的投诉问题，应该记录下来，保证问题的完整性；

③ 处理本次投诉时，处理人应详细了解车辆情况和车主情况；

④ 在投诉处理中，客户总监以第三方身份出现；

⑤ 各服务部门出现现场抱怨或不满意客户，第一时间通知客户总监做报备以及现场处理；

⑥ 可以适当给予客户一些补偿，提高客户的满意度。

配套表格：

本环节有一个配套表格："客户抱怨处理表"（见表 11-2）。

项目十一　客户关怀

（1）表格使用目的

"客户抱怨处理表"的使用，主要是记录客户抱怨的内容及销售服务店各部门处理情况。

（2）表格填写

销售服务店销售顾问、客户管理员、相关问题处理人员填写，单一客户抱怨一张表格。

表 11-2　客户抱怨处理表

销售服务店　客户抱怨处理表

基本信息	客户姓名		联系电话	
	车辆型号		购车日期	年　　月　　日
	车辆号码		行驶里程	km
投诉内容				
	第一接待人		接待日期	年　　月　　日
处理记录				处理责任人：　　处理时间： 处理责任人：　　处理时间： 处理责任人：　　处理时间：

三、任务书

以小组为单位，学生分组讨论，扮演客服人员和客户，进行客户投诉处理练习。

任务描述：

客户张女士，上个月到店购买了一辆汽车，车辆使用了一段时间后，张女士发现车辆在提速时感觉动力有迟滞现象，提速效果不是很理想。

提问：您如何看待张女士提出的投诉行为呢？您作为接待张女士的客服人员，将如何处理张女士的投诉呢？

要求：客户投诉处理过程中注意使用客户投诉处理的原则、流程、工作标准和技巧，并填写《客户抱怨处理表》。

四、考核评价

（一）考核评价的组成及占比

由三部分组成，包括：组内评价（30%）、小组互评（30%）、教师评价（40%）。

（二）评价标准

① 熟练程度；

② 任务的完成情况；

③ 可行性。

成绩：A ／ B ／ C ／ D

五、任务小结

学习内容为项目十一中的任务二：客户投诉处理。通过学习客户投诉处理的意义、客户投诉处理的原则、客户投诉处理的工作流程、客户投诉处理的工作标准以及客户投诉处理的技巧5个知识点，以及任务书的完成和评价，希望能够使同学们掌握客户投诉处理的原则、流程、技巧和标准，准确高效地对客户投诉进行处理。

项目十二

IDCC 营销

 项目简介

本项目主要介绍了 IDCC 营销体系、营销价值、岗位设置、工作流程和工作技巧。通过对 IDCC 营销知识和技能的学习,可以帮助学生们培养良好职业技能和职业素质。

 教学环境

汽车营销实训室:包括移动教室、电脑、投影仪、接待台、谈判桌、展车、汽车 4S 店展厅各功能区等。

 学习引导

本项目学习可以采用以下顺序:
导入案例——知识技能学习——任务书——考核评价——任务小结

 教学目标

知识目标:
1. 了解标准 IDCC 营销体系;
2. 了解 IDCC 营销的价值;
3. 了解 IDCC 的设置;
4. 了解 IDCC 工作流程及技巧。

技能目标:
能够正确使用工作流程及技巧开展 IDCC 工作。

素质目标:
1. 有较强的交流和执行能力;
2. 有较强的理解判断能力;

3. 对工作有持续的热情。

教学重难点

教学重点：
标准 IDCC 营销体系和 IDCC 营销的价值。
教学难点：
IDCC 工作流程及技巧。

一、导入案例

案例描述：李伟应聘到 4S 店的 IDCC 部门，今天第一天上班。
提问：IDCC 是什么部门？IDCC 部门的工作是否重要呢？
通过同学们的回答，引出 IDCC 营销体系。

二、知识技能学习

知识点一：IDCC 营销简介
（一）标准 IDCC 营销体系

IDCC 是 Internet and Direct Call Center（网络电话直呼中心）的缩写，它源自北美地区汽车销售行业流行的 DCC(Direct Call Center)，根据互联网营销的最新发展趋势进化而成。如图 12-1 所示，标准 IDCC 营销体系是一个漏斗形状，由营销组、邀约组和销售组构成。

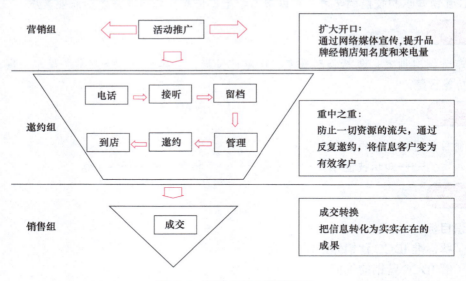

图 12-1　标准 IDCC 营销体系

营销组负责门店宣传，既要通过维护自有网络平台进行门店和产品宣传，又要借助公共网络媒体平台进行门店和产品宣传，完成多渠道信息采集，尽可能多地增加品牌、门店、车型的曝光，以吸引客户关注。

邀约组负责邀约到店，根据自身邀约技巧、沟通技巧、跟进要求，把客户吸引进店，把信息客户变为有效客户。

销售组负责成果转换，通过品牌价值展示、产品价值展示、车型价值展示、个人价值展示等综合销售技巧,引导客户成交,把信息转换为实实在在的成果。

(二)IDCC 营销的价值

随着互联网时代的来临,依赖自然客流和销售顾问的个人能力的传统营销模式已经不能完全适应新形势下企业的营销需求。传统媒介效能急剧下滑、经销商服务半径越来越短、销售线索来源单一、客户信息管理不到位、销售部和市场部无法形成合力等问题,是每家 4S 店长期为之头大的难题。因此,需要做机制上的变革,IDCC 应运而生。

IDCC 是一个机制,它通过对客户生命周期的过程管理,将销售线索变成一条长期稳定、不依赖某一个人的生产线,其营销价值主要体现在 5 个方面。

① 提升品牌、门店与产品的知名度;
② 增加销售线索和销售机会;
③ 扩大经销商销售服务半径;
④ 提高展厅现有客户资源的利用率;
⑤ 加剧传统销售人员危机感。

知识点二:IDCC 的设置

(一)4S 店中的 IDCC 设置

目前 IDCC 在 4S 店中存在的形式因为具体环境不同而各有不同,常见的有 4 种形式。

1. 成立独立的 IDCC 部

由一位独立的 IDCC 经理负责。此模式存在一定的弊端,即 IDCC 经理和销售经理表面和谐,背地里互相较劲,资源没有充分共享,同时,市场经理的配合度也比较低。

2. 划归市场部

设置一位 IDCC 主管,统一归市场经理领导。此模式问题在于市场经理往往缺乏实际的销售经验,无异于外行领导内行,内耗严重。

3. 划归销售部

设置一位 IDCC 主管,统一归销售经理领导,IDCC 主管的地位和展厅主管的地位平等。

4. 组建跨职能部门的 IDCC 团队

由客服经理牵头组建了一个跨职能部门的 IDCC 团队。此模式必须遵循一个原则:属于哪个部门的人,在业务上就按照原来的管理从属关系直线向自己的领导作过程性汇报,同时向其他部门的领导作结果性汇报。

在实际工作过程中,4S 店不论采用哪种设置,都需要注意以下三点:一是要和业务的发展阶段相适应;二是要有利于提高团队的整体工作积极性;三是要有利于业务的顺利高效开展。

(二)IDCC 岗位设置

依据标准 IDCC 营销体系,各品牌经销商在进行实际工作时,会根据工作内容的划分设置相关的具体岗位进行工作。IDCC 部门的常见岗位设置有 5 类。

1. 活动专员

活动专员负责活动执行和媒介资源管理,通过活动策划、广告投递、媒体维护等多种渠道,将店内的一些汽车信息、优惠行情等传递出去,从而引起用户购买的欲望。

2. 网络专员

网络专员负责网络销售线索的收集,直接决定了电话销售顾问的邀约到店顾客数量和质量,更决定了直销员的车辆成交数量,是品牌与品牌、集团与集团、经销店与经销店竞争的核心岗位。

部分品牌经销商将活动专员和网络专员合并为网销员一个岗位。

3. IB/OB 电话营销专员（电销顾问）

IB/OB 电话营销专员负责将信息客户邀约到店，是 IDCC 实际接触客户的第一触点，是整个 IDCC 团队的重中之重，既要有热情灵活的电话沟通技术，也要给恰到好处的来店邀约，目的都是为直销员的完美接待打下坚实的基础。

4. 直销员（展厅销售顾问）

直销员负责销售，是 IDCC 这条生产线的终端，要与 IB/OB 电话营销专员做好协作，将来店客户通过专业的介绍、良好的到店体验、不断地跟进沟通，引导客户成交。同时要提升客户的满意度，获取转介绍机会。

5. 数据督察

数据督察负责客户信息录入及夕会转出，是 IDCC 客户关系管理中一个重要的全新岗位。数据督察每一次准确完整的记录，是市场活动效能的度量仪，是电销顾问和展厅销售顾问工作量化指标的测评尺。

知识点三：IDCC 工作流程及技巧

（一）IDCC 工作流程

IDCC 工作分为 3 个环节，即线索获取、客户邀约、展厅销售。3 个环节分别由营销组、邀约组、销售组负责完成。具体工作流程见图 12-2。

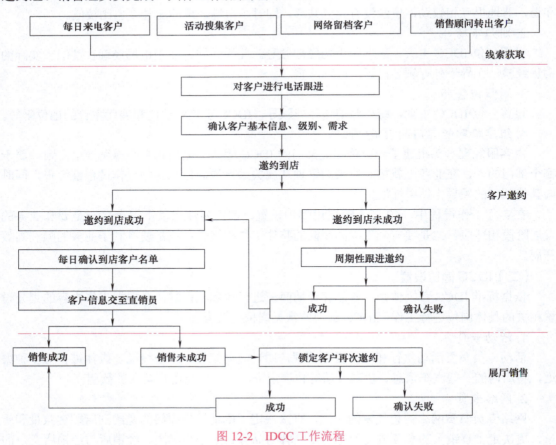

图 12-2　IDCC 工作流程

（二）线索获取技巧

《中国网民消费行为调查报告》显示：网络已经成为消费者获取汽车信息的首选渠道。因此，要加大网络媒体宣传，采集多渠道信息获取线索。经销店加大线索获取的技巧可归纳为以下 3 点。

1. 用好付费的资源

选择合适网站成为会员，按照网站的积分规则，力争门店在同城排名第一。网站会员不是越多越好，3～5 个即可，可以选择汽车之家、易车网加上 1～3 个当地比较受欢迎的网站。

2. 适当公关

由于网站会员自己发送的文章有露出区域限制，必要时可以用公关的手段让媒体把文章帮忙推送到更好的位置。

3. 重视免费资源

QQ 群、微信群、微信朋友圈、新浪微博，各种汽车论坛，各种网络视频、团购网等免费资源往往是消费者大量存在的地方，要特别加以重视。如可以与美团网、糯米网等网购网站合作，通过特价车团购、合作商家团购等推广方式，增加门店、产品的曝光度，吸引消费者的注意。

配套表格：

本环节有两个配套表格："电话跟进表""电网销客户信息记录表"。

1. 电话跟进表（见表 12-1）

（1）表格使用目的

主要用来记录邀约组对潜在客户的电话跟进情况。

（2）表格填写

由电销顾问填写。

表 12-1 电话跟进表

销售顾问_____ 日期_____

序号	客户级别	客户姓名	联系方式	车型	信息来源	备注	下次跟进时间	是否登录
1								
2								
3								
4								
5								
6								
7								
8								
9								
10								

2. 电网销客户信息记录表（见表 12-2）

（1）表格使用目的

主要用来记录网络来源和电话来源客户的信息，随着客户跟进流程的递进，记录表中的信息要及时更新。

（2）表格填写

由电话销售顾问、展厅销售顾问填写。

表 12-2　电网销客户信息记录表

日期	电销员	获取渠道	信息来源	区域	尊称	车型	级别	联系电话	属性	是否到店	是否成交	重点关注点
		网络	易车网		×先生		A		新			
		网络	汽车之家		×先生		A		新	是		
		网络	其他网络		×女士		A		新	是		
		网络	网推公司		×先生		B		新			
		网络	微信		×先生		A		新			
		来电	114转接		×先生		A		新			
		来电	易车网		×先生		A		新			
		来电	搜狐		×先生		B		新		有	
		来电	路牌广告		×先生		B		新		有	
		来电	1039广播		×先生		C		新		有	

三、任务书

以小组为单位，学生进行分组练习，组内讨论，选取一名代表进行汇报。

提问：IDCC是什么部门？IDCC部门的工作是否重要呢？

四、考核评价

（一）考核评价的组成及占比

由三部分组成，包括：组内评价（30%）、小组互评（30%）、教师评价（40%）。

（二）评价标准

① 熟练程度；

② 任务的完成情况；

③ 可行性。

成绩：A ／ B ／ C ／ D

五、任务小结

学习内容为项目十二：IDCC营销。通过学习IDCC营销简介、设置、工作流程及技巧3个知识点，以及任务书的完成和评价，希望能够使同学们对IDCC营销工作有个基本的认知，为IDCC营销工作的开展打好基础。

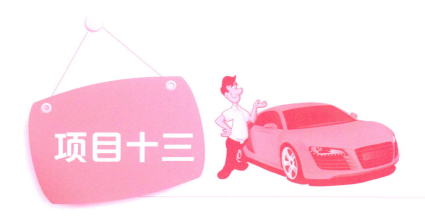

项目十三 电话销售

 项目简介

本项目主要介绍了电话销售的核心价值、工作职责、工作内容、工作流程和工作方法。通过对电话销售知识和技能的学习,可以帮助学生们培养良好职业技能和职业素质。

 教学环境

汽车营销实训室:包括移动教室、电脑、投影仪、接待台、谈判桌、展车、汽车4S店展厅各功能区等。

 学习引导

本项目学习可以采用以下顺序:
导入案例——知识技能学习——任务书——考核评价——任务小结

任务一 电话销售认知

 教学目标

知识目标:
1. 了解电话销售的重要性和核心价值;
2. 了解电话销售的工作职责;
3. 了解电话销售的工作内容。

技能目标：
1. 能够准确地掌握电话销售的工作职责；
2. 能够准确地掌握电话销售的工作内容。

素质目标：
1. 有较强的交流和执行能力；
2. 有较强的理解判断能力；
3. 对工作有持续的热情。

教学重难点

教学重点：
电话销售的工作职责。

教学难点：
电话销售的工作内容。

一、导入案例

案例描述：张文在一家 4S 店实习 3 个月后，定岗 IDCC 部门电销顾问岗，今天第一天上班。

提问：电销顾问的工作是否重要？张文的工作职责是什么呢？

通过同学们的回答，引出电话销售的重要性。

二、知识技能学习

知识点一：电话销售的重要性和核心价值

随着网络的普及，汽车客户的购买方式也发生了很大的改变，越来越多的汽车客户在到 4S 店之前会选择在汽车类网站上查看车辆信息，也会在网站上进行车辆咨询。随着市场购买方式的转变，各汽车品牌 4S 店纷纷增设电话销售岗位，对网络上获取的客户信息，通过打电话邀约的方式进行主动拜访。因此，电话销售的重要性和核心价值主要体现在以下 2 个方面。

（一）提升来店速率

电销顾问及时回访客户，判断客户购车意向级别，进而对客户发出到店邀请，提升来店速率。

（二）甄别有效客户

电销顾问的核心工作是电话接听和互联网来源线索的外呼，通过沟通并甄别有效客户，即 H\A\B 级客户，为营销投放提供依据。

知识点二：电话销售的工作职责

开展电话销售工作一般遵循以下 4 个工作职责。

（一）按时做首次呼出及回访邀约

首次呼出即对新增客户呼出，回访邀约即对留资客户电话回访，进行再次邀约及邀约确认。

（二）及时接听电话

电销顾问要及时地接听客户来电，对客户进行需求分析，判断客户意向级别。

项目十三 电话销售

（三）信息管理业务

电销顾问要及时并准确地录入客户信息，保证纸质版信息和系统信息对应。

（四）交接业务

部分品牌 4S 店的电销顾问只负责电话邀约客户到店，客户到店后的客户接待工作由展厅销售顾问进行，对于此类工作职责划分的汽车品牌 4S 店，电销顾问还有一个工作职责，即客户来店前确认与转交，保证转交手续明确。部分品牌 4S 店电销顾问的工作职责包括电话邀约和展厅接待两部分。

知识点三：电话销售的工作内容

电话销售的工作内容大致分为 8 项，如表 13-1 所示。

表 13-1 电话销售的工作内容

编号	工作内容
1	电话接听流程按照厂家标准流程执行（如有）与考核
2	电话接听时通过需求分析判断客户级别，及时将所有来电录入"来电登记簿"
3	有效客户标准：姓名，电话，意向车型等基本信息确认；录入系统；《来电登记本》与系统一致
4	总部下发线索按照及时跟进的要求 100% 接触
5	每日对系统内需回访的意向客户进行跟踪，邀约客户到店
6	回访结束后将次日到店客户信息录入"来店客户交接簿"（当日计划外客户到店也需录入）
7	邀约到店客户由电销顾问引荐给展厅销售顾问接待，接待完毕后由展厅销售顾问完善"来店客户交接簿"并由主管签字确认
8	已邀约到店客户转入展厅销售顾问系统中，并由展厅销售顾问跟进直至成交或战败

在表 13-1 中，第 6、7、8 项工作内容适用于电销顾问不负责展厅销售工作的 4S 店，如果电销顾问负责自己邀约到店客户的展厅接待工作，自客户到店起，电销顾问对该客户按照展厅接待流程进行接待。

三、任务书

以小组为单位，学生进行分组练习，组内讨论，选取一名代表进行汇报。

提问：电销顾问的工作是否重要？电销顾问的工作内容是什么呢？

四、考核评价

（一）考核评价的组成及占比

由三部分组成，包括：组内评价（30%）、小组互评（30%）、教师评价（40%）。

（二）评价标准

① 熟练程度；

② 任务的完成情况；

③ 可行性。

成绩：A ／ B ／ C ／ D

五、任务小结

学习内容为项目十三中的任务一：电话销售认知。通过学习电话销售的重要性和核心价值、电话销售的工作职责以及电话销售的工作内容3个知识点，以及任务书的完成和评价，希望能够使同学们对电话销售工作有个基本的认知，为电话销售工作的开展打好基础。

任务二　电话销售技巧

知识目标：
1. 熟知电话销售的工作准备；
2. 熟知电话销售的工作流程；
3. 熟知电话销售的工作方法。

技能目标：
1. 熟练掌握电话销售工作准备；
2. 熟练掌握电话销售工作流程；
3. 熟练掌握电话销售工作方法。

素质目标：
1. 有较强的沟通交流能力；
2. 有很强的服务意识；
3. 对工作有持续的热情。

教学重点：
电话销售工作准备。
教学难点：
电话销售工作流程和方法。

一、导入案例

案例描述：张文在一家4S店实习3个月后，定岗IDCC部门电销顾问岗，今天第一天上班。

提问：张文应该为开展电话销售工作做哪些准备呢？电销工作应该按照什么流程开展呢？

通过同学们的回答，引出电话销售准备。

二、知识技能学习

知识点一：电话销售准备

根据电话销售的工作内容，电话销售工作应该从3个方面进行准备。

（一）电话接听准备

电话接听准备包括以下 4 类工作准备。

1. 信息准备

① 车辆信息准备，包括车辆在途信息、库存信息和配置信息；

② 促销信息准备，包括本店促销信息、竞品促销信息和总部促销信息；

③ 竞品对比信息，包括竞品配置、竞品亮点、竞品新车型。

2. 知识准备

① 车辆相关知识，包括车辆基础知识、各项参数的具体定义及作用；

② 当下热点话题，包括当下流行的最热话题、新鲜事物；

③ 常用百科知识，包括车辆使用百科、车辆相关精品百科；

④ 其他领域知识，包括各行业、各领域简单知识，以增加谈资。

3. 技巧准备

① 倾听技巧，即电销顾问要熟知与客户沟通中可能出现的需求类型，在倾听时对客户进行类型判断，有针对性地进行应对；

② 分析问题技巧，即电销顾问要回顾需求分析的步骤，注意捕捉沟通中客户释放出的需求信号；

③ 提问技巧，即电销顾问准备好以提问为主的引导客户的话术；

④ 时间管理技巧，即电销顾问要预设通话时长目标，进行通话时长管理。

4. 工具准备

① 纸笔，用来记录客户信息及销售机会信息；

② 专用的联网电脑，用来方便随时查询信息；

③ 专用计算器，用来方便随时计算。

（二）电话拨打准备

电话拨打准备包括以下两类工作准备。

1. 信息准备

① 预估工作量，包括查看新增线索数量、查看今日待回访线索数；

② 了解产品现状，即查看车源信息；

③ 查看促销资源，即了解厂家双月促销资源、了解本店店头活动计划；

④ 熟记客户信息，即了解客户来源信息、历史跟进信息、对竞品评价以及客户关注点及需求。

2. 方案制订

① 确定首次跟进\回访目的，即明确本次回访目的和要达到什么样的效果；

② 制订邀约计划，即明确沟通切入点及引导方向；

③ 明确信息确认，即明确要从客户处获得或与客户确认哪些信息。

（三）电话接听\拨打礼仪准备

电话接听\拨打礼仪工作标准可参考项目三任务三电话接待。

同时，要根据客户的身份选择合适的回访时间。例如，上班族选择在 10:30—11:30、15:30—16:30，公务员选择在 10:00—11:00、15:00—16:00，私营业主选择在 13:30—17:00。在合适的时间对不同工作种类的人群进行电话呼出，大部分用户会不厌烦不拒绝，可以提高通话质量，为成功邀约打好基础。

知识点二：电话销售工作流程

电话销售工作按照工作内容可以分为 8 步进行。

1. 自我介绍

完整介绍自己，包括店名 + 本名，可以使用昵称，有利于客户记住。

话术示范："您好！欢迎致电××汽车 4S 店，我是电销顾问胡××，同事都叫我小胡子，您也可以这么称呼我，请问有什么可以帮到您？"

2. 了解客户关注点

销售顾问可以主动地对客户进行提问，根据客户的反馈，了解其关注的内容。例如，客户多会询问价格和优惠，"这款车现在多少钱啊？""这款车现在怎么卖的？""现在有什么优惠？""最低能便宜多少？""还能不能优惠，再优惠 1000 元我就买了！"对于客户常见关注点，电销顾问应该想好应对话术。如关于客户询问的价格和优惠，电销顾问的应对应该为：价格可以报，报市场指导价；不随便报优惠价，作为邀请客户来店的筹码；辨别客户的真实购买意向和购买阶段，再进行报价。

3. 需求分析

电销顾问可以尽可能多地通过提问来获取客户信息，需求分析的提问仍然围绕 5W2H 来进行，5W2H 的提问可以参考项目四任务二需求分析方法。电销顾问通过提问获取客户信息，进而判断客户购车意向级别。

4. 解答咨询

解答客户的各类咨询，注意有所保留。

5. 活动邀约

活动邀约要主动，电销顾问在和客户的第一次交流时就应该主动进行活动邀约，抓住客户的购买冲动期。活动邀约的内容应该为客户关注的内容，例如，客户如果关注价格，可以用优惠活动邀约；客户如果关注金融政策，可以用金融活动邀约；客户如果关注车源，可以用现车数量做邀约，给予客户适当的紧迫感。

邀请客户到店是电销客户成交目标的第一步，电销顾问一定要使用多种邀约邀请客户到店，但也要切记言而有信，不能欺瞒客户。

6. 确认联系方式和到店时间

在活动邀约完毕后，要记得确认客户的手机号码和到店时间，并顺便确认客户是否知道我们店的地址。

7. 结束语

邀约结束后，电销顾问一定要感谢客户的来电 / 接听，并祝客户生活愉快，可以说："张先生，感谢您的来电 / 接听，祝您生活愉快。"

8. 信息整理

电话挂断后，电销顾问应该将客户信息及时录入系统，并编写邀约活动信息、4S 店地址、电销顾问联系方式以及客户确定到店的时间，再以短信的形式发送给顾客。

话术示范："张先生，您好，我是刚才跟您通过电话的××奔驰 4S 店的销售顾问张文，感谢您的来电 / 接听，本周末的金融优惠活动，奔驰全系车型都会参加，另有大礼包相赠。周六上午我会在店里恭候您和您家人的到来，我的手机号是 135780×××××，我们店的地址是武汉市汉阳区龙阳大道……欢迎您到店，祝您生活愉快，您的专属销售顾问张文。"

知识点三：电话销售的工作方法

（一）电销邀约的工作技巧

电销邀约可以使用以下 7 个工作技巧。

1. 时间安排要注意及时

电销顾问一般要求在半小时内回复客户，如果能做到立马回复则更好，滞后跟进会导致客户在别店订车或沦为无效线索。

2. 邀约语言要注意精简

和客户电话交谈的时间尽量保持在 3 分钟左右比较合适，详细内容建议客户到店了解，此举有助于邀约客户到店，而解释清楚了客户就会考虑、徘徊、犹豫不决，还有可能因为电话里的某一点产生疑问而不会来店，所以，电话邀约时电销顾问尽量言简意赅。

3. 邀约要注意掌握主动

在碰到一些客户非要电销顾问报底价的时候，建议电销顾问可以欲擒故纵，可以让该类客户先了解了解行情，再来本经销店里看车，但是同时电销顾问一定要给客户描述一下本经销店的优势，把悬念抛给客户，让客户一直到订车，都会想着还有一个最后的退路，充满好奇，后续再继续跟进。

话术示范："我们店作为同城第一家××店，价格一直是非常优惠的，您可以去其他店先看看，再来我们店，以前也有很多客户先去别的店，最终还是回到我们店订车，因为我们不会让他买亏！"

4. 邀约情绪要注意真诚

电销顾问要保持真诚、为客户考虑问题的态度，客户是能从电话里面感受到的。

5. 邀约节奏要保持规律

电销顾问可以固定在每周几的上午或下午几点打电话给某个客户，让其接听你的来电成为一个习惯，会加深客户对电销顾问的印象，也可能会让客户对电销顾问的来电形成一种期待，加大邀约到店的概率。

6. 为自己制造一个记忆点

电销顾问可以为自己制造一个该客户知道的记忆点，有助于客户记住你。因为人们可能记不住一个名字，也记不住一个符号，但是人们比较容易记住一件事情，制造的记忆点最好是有趣的、令人动情的事情。

7. 邀约过程中要保持积极倾听

电销顾问邀约过程中要时刻体现出对客户的重视，可以通过复述关键内容来体现，例如，复述客户具体的到店时间、具体的到店人数，以及具体的关注车型等。以期给客户留下深刻的印象，并且确认客户信息准确无误，以方便电销顾问再次确认客户意向级别。

（二）电话销售常见问题及应对

在电话销售工作开展过程中，有一些常见问题影响着电销顾问工作的开展，归纳起来为以下 6 大类。

1. 客户对电销顾问无印象或印象不深

针对此类问题，电销顾问可以对客户使用尊称，称呼越尊重越好，尽量多提及自己的名字，加深客户印象，尽量用昵称，方便客户记忆，挂断电话后向客户及时地发送短信。

2. 电话邀约开场白不能引起客户兴趣

这一类问题是新上岗电销顾问的常见问题，建议电销顾问可以从三个方面设计开场白。

第一，传递好消息或小道消息，包括车辆、服务、活动、信息和促销等。

话术示范："张先生，今天给您打这个电话，我要告诉您一个好消息！您上次让我给您留意的……已经有眉目了……不过这是我专门在内部做了好多沟通和申请后才争取到的。"

第二，传递紧缺物件或名额，包括车辆、礼品和名额等。

话术示范："张先生，和您聊得挺好的，所以今天特意给您打个电话！我们店这周六上午有个到店即抽奖的活动，据我所了解奖品挺丰厚的，但名额有限，您看，要不我给您预约一个名额，您到时候带着身份证来就可以了。"

第三，主动建立朋友关系，拉近距离，例如：主动关怀客户、提供优先权或特别待遇等。

话术示范："张哥，您之前说价格上再优惠点您就考虑买我们车的，我一直惦记着，刚才趁着我们经理心情好，跟他申请到了一个优惠额度，比之前的优惠都大，但是我们一定要低调，不要让其他客户知道了，您看您什么时候赶紧过来看看？"

3. 客户在电话中过多询问车型及配置

针对此类问题，电销顾问可以采取避重就轻的方法，尽量避免和客户沟谈详细车型细节问题，尽量用客户比较关注的点，吸引客户到店，提高客户到店欲望。

4. 客户不回答电销顾问的问题

针对此类问题，电销顾问可以寻找切入点，向客户传达利益。

例如：客户表示还没想好车辆的颜色。

话术示范："张先生，可能因为小王这个问题问得有点唐突了！其实买车选颜色是有大学问的。您看，颜色和安全、颜色和互利的难易程度、颜色和身份地位、颜色和油耗、颜色和二手车残值等，都有很大的关系！如果有一点没有考虑全的话，就可能买完车会后悔！所以，小王很想知道您的想法，也好帮您一块儿分析一下。"

5. 客户不愿意留下联系方式

针对此类问题，电销顾问可以循序渐进，主动寻找机会，可以使用预约试乘试驾、预约抽奖名额等方法，借机获得客户的联系方式。

话术示范："张先生，为了让您对我们的新君威有更直观的体验，我给您安排一个试乘试驾，您什么时间比较方便？如果您现在时间不确定的话，通话结束后把我们店的地址和我的手机号发给您，您有时间了就跟我联系，张先生，您的电话是？"

6. 客户拒绝本次到店邀约

当客户拒绝了本次到店邀约时，电销顾问可以从两个方面准备下次邀约。一是本次邀约结束时为下次的邀约做好伏笔，电销顾问可以使用帮助客户查库存、核实活动截止日期、帮助询问售后服务信息等为下次打电话做好借口；二是直接使用公司活动进行主动邀请，如知识讲座、车友俱乐部活动等。

三、任务书

以小组为单位，学生进行分组练习，组内讨论，选取一名代表进行汇报。

提问：开展电话销售工作需要做哪些准备呢？电销工作应该按照什么流程开展呢？

电销顾问小王和客户张先生电话联系多次，一直没有成功邀约到店。针对客户每一次的拒绝到店邀约，电销顾问应该如何应对呢？

四、考核评价

（一）考核评价的组成及占比
由三部分组成，包括：组内评价（30%）、小组互评（30%）、教师评价（40%）。

（二）评价标准
① 熟练程度；
② 任务的完成情况；
③ 可行性。

成绩：A ／ B ／ C ／ D

五、任务小结

学习内容为项目十三中的任务二：电话销售技巧。通过学习电话销售准备、电话销售工作流程和电话销售的工作方法3个知识点，以及任务书的完成和评价，希望能够使同学们掌握电话销售的工作流程、技巧和常见问题应对，能够准确高效地开展电话销售工作。

项目十四

网络销售

 项目简介

本项目主要介绍了网络销售的工作职责和工作时间安排,以及汽车网络销售相关的几大主要媒体的内容、工作流程、方法和技巧。通过对网络销售知识和技能的学习,可以帮助学生们培养良好职业技能和职业素质。

 教学环境

汽车营销实训室:包括移动教室、电脑、投影仪、接待台、谈判桌、展车、汽车4S店展厅各功能区等。

 学习引导

本项目学习可以采用以下顺序:
导入案例——知识技能学习——任务书——考核评价——任务小结

任务一 网络销售认知

 教学目标

知识目标:
1. 了解网络销售的重要性;
2. 了解网络销售的工作职责;

3. 了解网络销售工作的时间安排。

技能目标：

1. 能够准确地掌握网络销售的工作职责；
2. 能够准确地安排网络销售的工作时间。

素质目标：

1. 有较强的交流和执行能力；
2. 有较强的理解判断能力；
3. 对工作有持续的热情。

教学重难点

教学重点：
网络销售的工作职责。
教学难点：
网络销售工作时间的安排。

一、导入案例

案例描述：销售顾问王可，大学毕业一年时间，一直从事销售顾问工作，于本月起调岗为 IDCC 部门网销员岗。

提问：网销工作是否重要？网销员的工作职责是什么呢？

通过同学们的回答，引出网络销售的重要性。

二、知识技能学习

知识点一：网络销售的重要性

随着信息化时代的到来，各大汽车垂直媒体发展迅速，网上车型和车价信息清晰透明，客户购车习惯发生了很大的改变，客户习惯先在网上了解和咨询，然后去店里看车和洽谈，客户购车时间成本降低，到店次数锐减。分析各汽车品牌经销店客户线索的占比，网络线索大幅度增加。因此，网络销售工作非常重要，网销员不仅要做好线上广宣，还是网络线索的创造者和收集者，是各汽车品牌经销店客户线索的重要保证。

知识点二：网络销售的工作职责

网络销售工作的核心价值是保证本汽车品牌经销店在网上有更多的网络曝光，以及在各垂直网站上有更高的排名。因此，网络销售有 3 项主要的工作职责。

（一）收集各方信息

网销员要积极地收集三个方面的信息。

① 了解各垂直媒体规则，熟悉操作；
② 了解总部商务政策；
③ 了解店内最新商务政策，售前售后促销活动政策。

（二）维持日常运营

网销员的日常运营工作包括三个方面。

① 负责店铺页搭建与维护，内容创作、发布、刷新和推荐；
② 负责微信素材收集，软文编辑；

③ 负责回复线上网友留言。

（三）实时数据监控

网销员通过数据统计，一方面明确工作目标进度，另一方面可作为主管调整人力配比和运营方案的依据。网销员需要监控3个方面的实时数据。

1. 垂直媒体排名监控

网销员每日上班后登录媒体后台，每小时查看一次媒体排名，并统计出当日排名第一的次数。

2. 推文浏览量监控

网销员周日下班前登录媒体后台，记录本周浏览量前3的软文主题及浏览量，月度汇总每周高浏览的车型、促销信息及软文格式作为下月参考。

3. 线索量统计及汇报

网销员每日记录线索总量和有效线索量，并计算线索有效率。

知识点三：网络销售工作的时间安排

网销员工作繁杂，既是促销活动的网络推手，又要负责厂家政策和店头政策的上传下达。网销员作为媒体维护的第一责任人，需要清晰地了解汽车品牌经销店的商务政策和店头活动以及厂家的活动信息，将销售部和售后的最新优惠政策通过垂直媒体传递给线上客户，是政策的搬运工，也是信息的传递者。

为了更有效地开展网络销售工作，网销员应该对所有的工作进行合理的时间安排，建议时间安排如下。

周一：向市场部、销售部、售后服务部收集总部最新政策；

周三：收集店头售前、售后周末活动政策，并根据活动政策编辑软文，提前三天为周末活动宣传造势；

周五：做好各垂直媒体、微信推文及媒体后台维护后，协助市场部完成周末活动前期准备；

周六：与市场部、销售部沟通活动效果，及时调整推文内容，展示更多活动信息和活动场面，在周六下班前做最后一次推送，吸引客户周日来店。

三、任务书

以小组为单位，学生进行分组练习，组内讨论，选取一名代表进行汇报。

提问：网销工作是否重要？请对网销员一周的工作进行时间安排。

四、考核评价

（一）考核评价的组成及占比

由三部分组成，包括：组内评价（30%）、小组互评（30%）、教师评价（40%）。

（二）评价标准

① 熟练程度；

② 任务的完成情况；

③ 可行性。

成绩：A ／ B ／ C ／ D

五、任务小结

学习内容为项目十四中的任务一：网络销售认知。通过学习网络销售的重要性、网络销售的工作职责和网络销售工作的时间安排 3 个知识点，以及任务书的完成和评价，希望能够使同学们对网络销售工作有个基本的认知，为网络销售工作的开展打好基础。

任务二　网络销售技巧

 教学目标

知识目标：
1. 熟知垂直媒体平台运营；
2. 熟知微信公众平台运营；
3. 熟知论坛运营；
4. 熟知微博运营；
5. 熟知搜索引擎运营。

技能目标：
1. 熟练掌握垂直媒体平台运营；
2. 熟练掌握微信公众平台运营；
3. 熟练掌握论坛运营；
4. 熟练掌握微博运营；
5. 熟练掌握搜索引擎运营。

素质目标：
1. 有较强的交流和执行能力；
2. 有较强的理解判断能力；
3. 对工作有持续的热情。

 教学重难点

教学重点：
垂直媒体平台运营。
教学难点：
微信公众平台运营。

一、导入案例

案例描述： 销售顾问王可，大学毕业一年时间，一直从事销售顾问工作，于本月起调岗为 IDCC 部门网销员岗。

提问： 王可在开展网销工作时需要和哪些网络平台打交道呢？他还需要掌握哪些工作技

巧呢？

通过同学们的回答，引出垂直媒体平台运营。

二、知识技能学习

知识点一：垂直媒体平台运营

（一）汽车类垂直媒体列举

汽车类垂直媒体包括汽车之家、易车网、爱卡汽车、太平洋汽车网等。网销员应该了解各垂直媒体的运营规则，可以求助垂直媒体当地人员获取最新运营规则，可以提出运营培训需求。

（二）网络软文的编辑及投放

网络软文作为各汽车品牌经销店发布车型优惠信息的主要载体，其内容必须做到结构完整，内容充实周到，对客户有吸引力。这样可以吸引客户到店。

1. 网络软文的构成

网络软文内容有固定的构成，可以归纳为5大要素。

① 首语：活动概述。

② 优惠信息：包括车型优惠、水平业务优惠、促销价格，用数字列举比较直观，以客户关心的内容吸引客户。

③ 车型信息：告知客户本次活动的车型信息。

④ 到店噱头：吸引客户到店的噱头，可以设置到店礼或网销客户专享。

⑤ 结束语：提供经销店联系热线便于客户来电。

软文举例（摘自汽车之家网站）：

【智驾博越 感恩有你——吉利春季惠】【到店礼】网销客户预约到店看车可获精美小礼品一份；【金融礼】购博越尊享18期免息，最高免息6000元；【置换礼】购博越最高享3000元置换补贴；【转介礼】吉利车主转介绍成功购车赠送常规保养一次；【购车礼】成功订购博越可享价值1000元春季礼包。本次活动车型为博越全系车型。仅限网销客户专享。【记住网上不是最底价，想要获取最底价，欢迎拨打贵宾热线：×××-×××-×××× 或点击："询价"，您的专属销售顾问24小时为您服务！】

在这篇软文中，构成五大要素齐全、清晰，是一篇规范的网络软文。

首语：【智驾博越 感恩有你——吉利春季惠】

优惠信息：【金融礼】购博越尊享18期免息，最高免息6000元；【置换礼】购博越最高享3000元置换补贴；【转介礼】吉利车主转介绍成功购车赠送常规保养一次；【购车礼】成功订购博越可享价值1000元春季礼包。

车型信息：本次活动车型为博越全系车型。

到店噱头：【到店礼】网销客户预约到店看车可获精美小礼品一份。仅限网销客户专享。

结束语：【记住网上不是最底价，想要获取最底价，欢迎拨打贵宾热线：400-868-0792 或点击："询价"，您的专属销售顾问24小时为您服务！】

2. 网络软文的焦点图上传

软文的焦点图上传分4步完成。

① 网销员发布一篇软文，在内容编辑的上传插图内容部分，在"大图"选项中上传指定焦点图为大图。

② 在焦点图选项点击"选择历史"选项。
③ 在"选择历史"中找到刚刚发布为"大图"的焦点图并上传。
④ 点击"软文发布",即可完成对焦点图的上传。

3. 网络软文的投放技巧

软文的投放需要技巧,关键是要合理确定推送时间,帮助推文获得高的浏览量。软文推送时间的确定可以使用以下3个技巧。

① 分析当地客户生活习惯,寻找用户使用垂媒的高频率时段。

例如,当地客户习惯在午间登录汽车垂直媒体查看优惠和报价,则网销员需要重视12点的文章发布,在这一时段使用推荐名额,使经销店排名靠前,以获取更多的客户点击和留资询价。

② 分析垂直媒体更新规律,靠近更新时间发布。
③ 重视每日最后一次文章发布时段(18:00—18:30)。

最后一次发布若排名靠前,则会在 18:30—次日 9:30 保持排名和露出,而且晚间时段为客户高频查询网站信息的时段。

知识点二:微信公众平台运营

随着微信的普及,微信公众平台的运营也越来越受到各汽车品牌经销店的重视,从头像简介到菜单设置都应该以突出品牌和体现服务的标准来进行,不可随意设置扰乱客户。

(一)微信公众号建设步骤

1. 基础信息设置

基础信息设置包括①微信号头像设置,建议为汽车品牌 logo 和经销店简称;②公众号名称设置,建议为汽车品牌经销店的全称;③功能简介,建议为企业简介、热销车型和联系电话;④客户电话,建议为本经销店的服务热线。如图 14-1 所示。

图 14-1 微信公众号示例

2. 菜单设置

公众号的菜单建议简单明了，方便客户查询，可以设置一级菜单和二级菜单。例如，一级菜单为我要购车；下属的二级菜单为车型报价、优惠政策、贷款购车、二手车置换购车、预约试驾。二级菜单可以设置链接，连接至各个二级菜单的详细内容介绍页面。

（二）微信软文的编辑

1. 微信软文标题的确定技巧

好的标题即为对客户有吸引力的标题，网销员可以利用以下5种技巧确定微信软文标题。

（1）用提问，吸引用户好奇心

网销员可以结合客户的关注点，用提问或反问的方式引起客户的好奇心，进而引导客户关注公众号。常用的词汇：难道？为什么？怎么办？例如，15万元的B级车？专家帮您来推荐！

（2）简洁扼要，突出优势

网销员可以简洁扼要地提炼公众号特色或软文内容，引起客户兴趣，建议句长为6～12字，有助于客户快速获取有效信息。例如，天太热，上车就开空调，您的空调用对了吗？

（3）模拟场景，引起代入感

模拟用户生活场景，引发客户的感同身受或利益共鸣。例如，黄灯来了，您是走是留？

（4）用鼓励性语言引导客户

使用鼓励性语言，建议或吸引客户点击。例如，新手们看过来，驻车挡位这样用！

（5）突出产品优惠、高性价比

利用本经销店的优惠活动或高性价比车型来吸引客户。例如，五一后活动全部结束，您还不来吗？

2. 微信软文的构成

（1）软文开场

软文的开场一定要引起客户的共鸣，也要告知客户写这篇软文的目的，或者客户阅读这篇软文可以解决什么问题。可以从产品出发来开场，也可以从客户出发来开场。

从产品出发开场示例：

您倒车入库每次都要倒三次吗？有没有考虑过使用自动泊车功能呢？

从客户出发开场示例：

您还为找不到您心仪的爱车而着急吗？您还为汽车价格而顾虑吗？

（2）内容说服

对开场中提到的问题或情境，进行解答和说明。网销员可以积累多一些的素材，用最简单的方式，呈现出产品或活动的好处。在内容说服过程中应该注意三点：第一，尽量避免使用行业专有名词，如最大扭矩为320N·m；第二，尽量少使用空洞的形容词，例如，车厢容积很大，可以说，车厢容积为513L；第三，内容尽量精练，只陈列对客户有意义的技术和特点。

（3）结尾行动

在软文的最后，可以对客户的行动进行指导，通过客户的行动，以达到本次软文推送的目的。例如，本次微信推文是为了宣传周末的店头团购活动，推文的结尾可以是这样的：张女士,本周六、周日的大型团购活动已经启动,您今天就可以打电话预约团购名额,团购名额有限,如果您有意向参加,请在今、明两天内拨打服务热线××××××××,我们会给您预留名额,周六、周日上午您只需要带着身份证就可以参加,价格优惠,期待您和家人的光临。

3. 微信软文编辑的注意事项

微信软文的编辑共有以下 7 个注意事项。

① 标题和正文的字体字号得体、有层次;

② 标点符号使用正确;

③ 切忌大段累述,合理分段;

④ 配图选择合理、有美感;

⑤ 保证配图图片质量,忌用带水印、模糊、过大的照片;

⑥ 配图剪裁整齐、统一,可简单设计凸显主题;

⑦ 封面选择时注意内容和尺寸,因为微信后台会对封面自动压缩、裁剪为正方形,因此可以提前将封面裁成 200×200 的正方形再上传。

(三)H5 使用说明

近年来,H5 页面作为活动载体,展现着大量的文字信息和图片信息,在微信上被客户广为接受和转发。如图 14-2 所示。常见的 H5 制作工具有易企秀、秀米和兔展等。

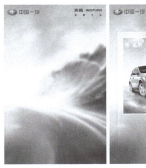

图 14-2　H5 页面示例

H5 使用有以下 7 个注意事项。

① H5 内容必须与目前活动内容对应;

② 多页的 H5 各页间须保持统一风格;

③ 车型及实物照片须保证清晰度;

④ 需露出经销店有效的联系方式；
⑤ 尽量设置客户留资入口，可与厂家活动留资页面关联；
⑥ 制作完成后，保存制作链接便于修改；
⑦ 保存传播二维码，用于店头和销售顾问朋友圈传播。

知识点三：论坛运营

（一）论坛运营的步骤

论坛运营是网络销售的一个很好的集客渠道。论坛运营主要是通过制造热帖，引起客户关注和转发，进而引起客户到店。论坛运营的步骤分为6步。

① 选择论坛；
② 注册网名；
③ 熟悉制作热帖的技巧；
④ 制作帖子；
⑤ 发布帖子；
⑥ 跟踪点击量和效果。

（二）制作热帖技巧

论坛运营的关键是制作热帖。制作热帖是有技巧可循的，可以使用以下6个技巧。

① 标题有吸引力。
② 图片丰富。

一般加精帖需要15张图片以上。

③ 有吸引点。

可以是社会热点、争议点、观点、痛点，让车友有共鸣或者引发议论。例如，高考前夕一汽大众CC的吸引点：选择题不会做怎么办？选CC就对了！

④ 专注1～2个核心内容点，内容忌杂而多。
⑤ 精心策划主题内容。
⑥ 多使用易于沟通的元素，例如，表情、颜色、特殊字体等。

热帖举例如图14-3所示。

图14-3 论坛热帖示例

知识点四：微博运营

（一）微博运营的工作内容

微博运营主要包括两部分工作内容：第一，做好专营店微博的基础建设，打造一个类似垂直媒体店铺式的完整的微博；第二，做好内容运营。

微博运营中的内容运营可以从以下 4 个方面着手进行。

① 创作网友感兴趣的文章。

网友感兴趣的文章可以是技术科普文、转发有奖文、线下活动文、原创内容文等。

② 发起话题投票与讨论。

③ 回答问题转至微博。

④ 讨论热门引起共鸣。

（二）微博更博的技巧

微博更博可以遵循 2 个技巧。

① 抓住客户刷微博的高峰时期：12:00—13:00、16:00—17:00、22:00—23:00 更博，获得更多关注。

② 高频词更博。当没有更多的新内容更博时，发过的原创好文可以再次转发。

知识点五：搜索引擎运营

搜索引擎优化，是网络宣传中十分重要的一个环节。优化汽车品牌经销店在搜索引擎中的信息，让客户更方便、更全面地了解经销店，帮助经销店做好宣传。搜索引擎运营可以从 2 个方面开展工作。

1. 充分利用百度地图

当客户在百度上搜索出本经销店名称时，自动显示百度地图中本店的地理位置，可以在百度地图上的本店位置补充大量企业信息，便于客户查看。

2. 完善百度搜索内容

完善汽车品牌经销店在百度搜索相关专栏内的信息，如百度百科、百度知道、百度经验、百度文库等，信息越完善，越有利于客户了解本经销店的企业和产品信息。如果在某个专栏内，搜索后无本经销店信息，可以手动添加创立词条。

三、任务书

以小组为单位，学生进行分组练习。

任务 1：列举使用 H5 的注意事项；

任务 2：各小组组内讨论，活动内容自拟，完成一个 H5 制作。（常见的 H5 制作工具有易企秀、秀米和兔展等）

要求：遵循 H5 的注意事项进行制作。

四、考核评价

（一）考核评价的组成及占比

由三部分组成，包括：组内评价（30%）、小组互评（30%）、教师评价（40%）。

（二）评价标准

① 熟练程度；

② 任务的完成情况；

③ 可行性。

成绩：A ／ B ／ C ／ D

五、任务小结

学习内容为项目十四中的任务二：网络销售技巧。通过学习垂直媒体平台运营、微信公众平台运营、论坛运营、微博运营和搜索引擎运营 5 个知识点，以及任务书的完成和评价，希望能够使同学们掌握与汽车网络销售相关的几大主要媒体的内容、工作流程、方法和技巧，能够准确高效地开展网络销售工作。

参 考 文 献

[1] [美]菲利普·科特勒. 营销管理[M]. 梅清豪译. 上海：上海人民出版社，2003.
[2] 张国方. 汽车营销学[M]. 第2版. 北京：人民交通出版社，2017.
[3] 史婷，张宏祥. 汽车营销实务[M]. 北京：人民交通出版社，2012.
[4] 宋润生. 汽车营销基础与实务[M]. 广州：华南理工大学出版社，2006.
[5] 荣建良. 汽车营销实务[M]. 西安：西安电子科技大学出版社，2015.
[6] 张发明. 汽车营销实务[M]. 第2版. 北京：机械工业出版社，2016.
[7] 叶志斌. 汽车营销实务[M]. 北京：电子工业出版社，2011.
[8] 孙路弘. 汽车销售的第一本书[M]. 北京：中国人民大学出版社，2008.
[9] 刘秀荣. 汽车销售技巧与实务[M]. 北京：电子工业出版社，2015.
[10] 赵文德. 汽车销售冠军是这样炼成的 汽车销售冠军只做不说的销售秘诀[M]. 北京：机械工业出版社，2014.
[11] 李志远. 汽车销售从新手到高手[M]. 北京：中国铁道出版社，2017.
[12] 刘军. 汽车4S店销售顾问培训手册[M]. 北京：化学工业出版社，2013.